明清贵州人物三部曲

明清贵州六千举人

庞思纯 著

贵州出版集团
贵州人民出版社

图书在版编目（CIP）数据

明清贵州六千举人 / 庞思纯著 . —— 贵阳：贵州人民出版社，2021.5
（明清贵州人物三部曲）
ISBN 978-7-221-16509-1

Ⅰ.①明… Ⅱ.①庞… Ⅲ.①举人—列传—贵州—明清时代 Ⅳ.① K827=4

中国版本图书馆 CIP 数据核字 (2020) 第 267669 号

明清贵州六千举人
MINGQING GUIZHOU LIUQIAN JUREN

庞思纯　著

出 版 人	王　旭
选题统筹	谢丹华　戴　俊
责任编辑	徐小凤
装帧设计	刘　宵　唐锡璋　任贤贤
出版发行	贵州出版集团　贵州人民出版社
社址邮编	贵州省贵阳市观山湖区会展东路SOHO办公区A座　550081
印　　刷	深圳市新联美术印刷有限公司
规　　格	889mm×1194mm　1/32
印　　张	9.25　彩插16P
字　　数	219千字
版　　次	2021年5月第1版
印　　次	2021年5月第1次印刷
书　　号	ISBN 978-7-221-16509-1
定　　价	68.00元

序　黔中人才整体大观

刘学洙

成规模地彰显一个地域人才的整体状况，是了解该地域历史文化及其发展脉络的极好方法，它比分散单个地介绍人物更具全面性与科学性，也比某些见事不见人的教科书更具生动性与典型性。贵州人民出版社相继推出庞思纯《明清贵州七百进士》《明清贵州六千举人》，均是兼具学术价值与普及意义的好书。

多年前，贵州文化名宿陈福桐先生曾以其《六千举人七百进士》大文，振聋发聩，一扫历来认为"贵州无人"

的偏见,在省内外引起广泛反响。当时他就提议,应该编写出版一本有关贵州进士的专著,激励青年向上,爱我家邦;亦使那些对贵州历史文化知之甚少的人,有一了解贵州历史演变的读物。从那时起,这方面的述作已有不少。庞思纯先生不是零散的而是整体的,不是概念的而是有血有肉又有深度的,以两部力作荟萃贵州六百年人才全貌,填补了贵州人才史的重要方面。这是一项深化贵州省情认识的开创性工作。

清代史学家章学诚云:"一人之史而可以与国史、家史相取证。"作者本着这个启示,认为研究中国边远地域,研究贵州省情,应当把"一人之史"拓展为众人之合史。乃从七百进士中选出数十人,又从六千举人中选出数十人,跨越明清两代,深入发掘一个个人物的家世、品格、才华、学识、特立独行之气节与事功,并将他们放在当时全国政治、经济、军事、文化的时代背景下,联系贵州山川、人文、民族关系等深层社会环境去剖析。因此,既见树木,又见森林;既写其人,又溯其源,活脱脱地描绘出了可触摸、可感知的历史上贵州人才群像图景。这是一种严肃艰苦的工作。通观全书,搜寻觅集的文献资料特别丰富。不少史实、故事、嘉言懿行、诗文剩稿,广征博采,颇为人之未知未见。有些插曲,"穷极刻划之能事"。比如,在《民命屏障唐树义》中,描写唐树义在湖北抗洪，当洪水涨至离坝顶仅三尺时，"一看不妙，飞身跑到坝上……独立水中，奉土负薪，身当其冲"。又写他"乘单舸，涉洪涛，核准灾民户口"。一次，因总督迟迟不拨抚恤款，唐树义"按捺不住性子，气愤地说：'尧舜在上，忍令吾民失所乎？即有严谴，请独当之。'"如闻其声，如见其人。作者利用史实，撷取这些精彩片断，把人物写活。在这本书中，这类人物形象与细节描写颇多。现代社科出版物，多注重细节描述，因为唯细节才能惟妙惟肖再现历史真实。刻板无味、大言无物的读物，是不能赢得读者的。

庞氏的两本书，一本写进士，一本写举人。从科举功名层次看，举人逊进士一等；而从道德文章、事功绩业看，则难分伯仲。因为著者的取人标准重在人品、文品、官品，即贯穿人事之中的思想品格精魂。看看本书那些文化人物熠熠生辉的名字：有孔尚任比为"屈子之闲吟泽畔，子美之放歌夔州"的吴中蕃；有士人称"金陵九子""崇祯八大家"之一、举家殉国的杨文骢；有"沙滩文化"领军人物、被誉为西南大儒的郑珍、莫友芝……他们的影响，都不是世俗功名官职所可衡量的。又如明末抗清英烈、被誉为"南天一柱"的何腾蛟，清初开发台湾的周钟瑄，晚清贵州民族资产阶级精英华家三代……他们的精神遗产，也超越时空，超越功名禄位。所以，本书写的

3

是人，而蕴含的是不同时代的进步精神，折射出的是贵州六百年的重要历史关节的社会面貌。由人及事，亦可作为了解黔史的一部读物视之。

像《明清贵州七百进士》《明清贵州六千举人》这样的书，适应面应该是比较广的。学者、官员们可以从中省悟一些知人知事、治国安民之道；一般读者也可从中学到人情世故、修身教化，以至了解仕途坎坷、宦海惊涛。可浅可深，雅俗共宜。只稍留意，就可发现这本书丰富的史料中包含多方面可以汲取与研究的内容。比如，我发现不少进士是明清两代部级的大员能臣，有的甚至是中枢重臣，可看出当年贵州人才群英在国内占有一席之地。又如，这些进士和举人，既是黔人，而从祖先看又为客籍人。他们大都出身发达省区的名门世家，或随军，或入官，或贬谪，先后入黔定籍。可见，社会进步在于开放，人才的成长史亦是地区的开放史。没有人才的开放、交流、互动，就不会有一个地区的迅速发展和全国的共同发展。接纳外来人才是符合本土民族的根本利益与长远利益的。古代是这样，今天更是这样。

在当今出书难的情况下，贵州人民出版社重视贵州文化图书的编辑出版，这是值得称道的。当今图书不但内容要吸引读者，装帧形式上也应有一定的冲击力。两部书都比较古朴大方，用纸精美，并配以一些插图，调剂了版面，既符合时代出版潮流，又增加了此书的亲切感和现代感。

本书理应敬请陈福桐前辈赐序，陈老以年迈辞谢，嘱我代劳。笔者退休闲居，师从陈老十多年，受益良多，不敢违命，因弁数言交稿，就教作者，并请陈老及读者、方家匡正。

2006年4月4日

目录 CONTENTS

- 序 黔中人才整体大观 / 刘学洙   1
- 中朝理学名臣——李渭   1
- "峭直忠鲠"的李时华   6
- 德行兼具的越英   12
- 青史留名的许氏家族   18
- 才华横溢的丘氏兄弟   25
- 将军诗人越其杰   33
- 风华绝代杨文骢   40
- 清廉刚直的潘氏家风   48

身处乱世的潘氏子孙	53
忠烈盖世的何腾蛟	60
志在复明的郑逢元	68
以身许国的解立敬	74
贵阳白云耕读世家程氏	80
忧患诗人吴中蕃	87
"白面龙图"刘子章	94
德被台湾的周钟瑄	102
恤民爱民的王梦麟父子	110
遵义文化世家宦氏	121
峨眉、南部"王青天"	125
瓮安才人傅玉书	132
遗惠沙滩的"长山公"	138
经师、人师翟翔时	142
吏畏民怀的高廷瑶	149
耿介刚直的张自信	155
遵义蹇臣世家	163
穷且益坚的周奎	168

民命屏障唐树义	174
"西南巨儒"之郑珍	180
"西南巨儒"之莫友芝	190
大定府章氏昆仲	200
云南巡抚唐炯	207
商界奇才华联辉	212
书画大家袁思韠	218
循理守法的杨树	223
何威凤的丹青人生	228
西南之雄——雷廷珍	235
翰墨名家严寅亮	241
民国贵州首任教育厅厅长周恭寿	247
遵义政治人物牟琳	255
乐嘉藻的家国情怀	261
任可澄的人生三部曲	267
附录 六千举人 七百进士 / 陈福桐	274

中朝理学名臣——李渭

李渭是明代嘉靖年间的理学家，是与孙应鳌、马廷锡齐名的王阳明后学三大传人之一。其一生秉持阳明先生的心学理念，躬行实践，不遗余力，被皇帝誉为"南国躬行君子，中朝理学名臣"。

李渭，字湜之，号同野，贵州思南府水德司（今思南县）人。据史册所载：李渭少时曾患肺病，屏居小楼。其父以"毋不敬"和"思无邪"两语勉励之，期望他加强修养，学业有成。为不负父亲所望，李渭将两语写在窗户纸上，反复琢磨其含义，久而久之，有所感觉，但忽现忽失，印象模糊。

明嘉靖十三年（1534），李渭中举。赴京会试途中，读

《孟子》"伊尹耕于有莘之野"一节，别有体会。嘉靖二十二年（1543），时值贵州提学副使蒋信视学思南，李渭前去求教。当谈及自己做"起灭功夫"的体会时，蒋信运用阳明学说解释了这个问题，要求他从"悟"字入手，透过现象看本质。如果"留恋景光"，忽略本质，就会堕入鬼窟而不自觉。

蒋信的精辟见解令李渭折服和意外，本来认为自己在家修为十数年，是一方有名的饱学之士，没想到在学识渊深的蒋信面前，自己是那么浅陋无知，荒唐可笑。羞愧之余，他痛下决心，立下了终身以研究儒学、传授王学为己任的大志。

确立治学方向后，李渭转益多师，虚心向当世名师求教。在广东高州任上，首先到崾峒拜望阳明先生的学友湛若水；赴京途经湖北麻城时，特地拜见阳明学家耿定力，并与之同游天台山。临别时，耿定力以八语相赠："近道之资，载道之路，求道之志，见道之眼，体道之基，任道之力，宏道之量，达道之才。八者缺一不可。"李渭听后感到震惊，答道："渭于八者，独愧见道眼未醒耳。"受此启迪，李渭求道成圣之志更加坚定，特刻"必为圣人"四字的木牌悬挂书房以示勉励。

李渭在云南任参政时，得知泰州王门重要学者罗汝芳（号近溪）任云南屯田副使，于是登门拜访，切磋王学，交流体会。之后，李渭坚持日常的躬行践履，提出"毋意"为治学的宗旨，撰著《毋意篇》。他说："孔子毋意，孟子不学不虑，程子不著纤毫人力，皆是不安排。知无意脉路，即日夜千思万索亦是无意；知无纤毫人力脉路，即人一己百，人十己千。如此用力实无纤毫人力。学是学，此不学；虑是虑，此不虑。知得不学、不虑脉路，任人只管学、只管虑，都是不学、不虑。浮云人间作雨，天上常清常明；狂风江上作浪，流水不增不减。知得常清常明、不增不减者，可与言学矣。"概言之，就是一切顺应自然，无须刻意安排、强索为之。

和孙应鳌一样，李渭曾受教于王阳明的弟子蒋信，并继承了阳明先生的心学思想。对其而言，弘扬王学心学精髓，秉持"无欲"的理念，是消弭人欲横流的社会乱象最有力的思想武器。为明此志，他特地在授课的白虎岩下朝阳洞外大书"不舍昼夜"四字。

李渭重视人才的培育，所到之处，兴学校，育人才。卸任回乡后，他潜心研究理学，并以理学传授生徒。在其《修思南府学碑记》《思南府学射圃记》《婺川县迁学记》文中，不难发现他关心家乡文教之拳拳之心。

思南府城东北有"为仁堂"，李渭曾在这里传道授业，后改为仁书院。中和书院亦是其讲学地。李渭终身追求阳明心学，主张"躬行""不欲"学说，追求心境洁净平和，意在弘扬阳明先生倡导的以"致知在诚意"为心学，以"存天理，灭人欲"为归宿的思想。他在思南中和山一边讲学，一边研读儒学，还在中和山山腰的一尊岩石上，欣然提笔写下"中和"二字。手迹镌刻至今尚存，字体平和圆润，与巨石浑然一体，与书院建筑交相辉映，闪烁着哲理灵性。见字如见其人，见人如见"中和"之要义，见"中和"字迹如见楼阁文化之内涵。

清代翰林学士郡人郭石渠在《中和山记》中开篇曰：

中和山者，思城之主顶而阖郡人物之所由发祥者也。诗曰："惟岳降神，生甫及申。"斯山有焉……以中和之灵秀，钟盛世名儒，李公其最著者矣。创理学于黔中，启名教于千古，中和之发越，孰大于斯。且申（祐）、田（秋）诸公，大忠大孝，后先接踵，光于家乘，荣于国史，垂芳百世，仪型后学，斑斑可考，非中和之降神，何以至此？他如文人蔚起，科甲蝉联，说礼敦诗，风俗敦厚，是皆中正之积厚，而和顺流光，犹其小焉者也。

郭石渠在文中不仅详解了"中和"的含义，还对其在思南的影响也有精辟的阐述。正如李渭所说，国家培养人才，就像植树一样，培以沃土，灌以甘泽，深其根底，这根底就是孔子"仁"中的"中和"。

在为仁、中和两书院就学的生徒，可考者有江西人赖嘉谟、徐云从，本郡的有冉宗礼、胡学礼、田惟安。他们均是学养纯正的王学传人。

李渭病故后，耿定力为之题铭"明好学君子之墓"。贵州巡抚许子良疏请朝廷为其建专祠，获准后，思南府建李渭祠，明神宗特赐楹联，以示悼念。其联曰："南国躬行君子，中朝理学名臣。"

李渭不愧为"南国躬行君子，中朝理学名臣"。其一生历任县、州、府的行政长官，官至广东副使、云南左参政。所任之处，无不以清正廉洁、体恤民困的官风、官德，赢得治地民众的好评；政务之余，他潜心儒学，卓有建树，著作等身，成果累累；晚年辞官归里，在家乡创设为仁书院、中和书院，以弘扬王阳明心学思想为己任，开黔北学风。这种造福桑梓、老而弥笃的精神，实在令人可敬可佩。

  李渭著有《先行录问答》三卷、《毋意篇》一卷、《大儒治规》三卷、《简寄》二卷、《杂著》一卷、《诗文》三卷、《家乘》十二卷，撰有《修思南府学碑记》《修观音阁碑记》《婺川县迁学记》等。这些著作奠定了李渭作为明代理学家的地位，正如明代进士萧重望在《李先生祠记》一文所说："贵筑之学，倡至龙场；思南之学，倡自先生。"

"峭直忠鲠"的李时华

明永乐十一年（1413），中央政府在贵州建省。通过科举考试，一些黔中士人脱颖而出，走上了政治舞台。这些黔地山水孕育出来的进士、举人，以朴实的形象、淳厚的学养、嶔崎磊落的襟怀、清廉刚直的官箴，活跃在黄河上下、大江南北。他们抗权奸，斗宦逆，保忠臣，救良民，给丑恶黑暗的政坛带来了一股清新的气息，从而赢得了广大华夏民众的普遍赞誉。

万历年间，举人出身的贵阳人李时华（字芳麓），累官监察御史、太仆寺卿，"峭直忠鲠，弹劾不避权贵"，致使"百僚震栗"，群小胆寒。其后，他巡按四川、河南、广东及漕运，所到之处，兴利除弊，惩治腐败，深得士民信赖，天下百姓无不想望其风采。

宦官系中国封建时代专供皇帝玩乐的宫廷阉人，是藏在宫廷幽暗角落受人役使的弄臣。这些人格扭曲的人，一朝得势，压抑已久的欲望便膨胀起来。他们掌控宫禁，把持朝政，入主锦衣卫，监控文武百僚，卖官鬻爵，垄断矿税，鱼肉百姓，无恶不作，成为社会的一大毒瘤，给国家和人民带来了巨大的灾难。在明代，这样的情况尤为典型，为害最大。其代表人物莫过于正统年间的王振、正德年间的刘瑾，以及天启时期的魏忠贤。

明代中期，矿业兴起，宦官见利润丰厚，纷纷走出紫禁城，染指各地矿业的税银，堂而皇之地当上了税监。明万历二十七年（1599），御马监监丞梁永奉命前往陕西征收名马货物。按照明制，税监不准主管军队。然而，梁永仗着自己是皇帝的亲信，私自畜马五百匹，并招置亡命之徒，命其心腹乐纲出入边塞。

万历二十八年（1600），富平知县王正志向朝廷揭发梁永图谋不轨，同时参劾矿监赵钦的不法行径。为表明自己与违法宦官不共戴天，王正志逮捕了赵钦的同党李英，再将其乱棒打死。在梁永、赵钦眼中，朝廷是自己的天下，岂能让一个小小的县令在太岁头上动土？对此，赵钦立即还击，以李英被杖杀之事攻击王正志。万历帝听信赵钦一面之词，不问青红皂白，下诏逮捕王正志。给事中（谏官）陈惟春认为这样有失公允，希望万历帝收回成命。他向朝廷建议：王正志揭发赵钦的罪行，应交有司提讯；赵钦攻击王正志违法，亦下（巡）抚、（巡）按核实。

李时华时任御史，见宦逆横行，忠臣被诬，便怒火中烧，决定为王正志讨个公道。经过深思熟虑，他上奏万历帝，称目前已逮捕了广东新会在籍通判吴应鸿、举人劳养魁，以及云南寻甸知府蔡如川、赵州（今河北赵县）知州甘学书等，朝廷都应下旨责令抚、按调查核实，"不得以一人单词，枉害良善"。尽管陈惟春、李时华极力为王正志辩护，但万历帝昏庸无能、一意孤行，王正志最终死在狱中。

李时华与宦官的斗争并不以此为终结。自王正志事件后，李时华改变了斗争的策略。他审时度势，利用宦官之间的矛盾来分化瓦解对方的阵营。在任广东巡按时，李时华得知广东税监李凤肆虐地方，民愤极大。而李凤因与新会通判吴应鸿有隙，于是上奏朝廷，将吴逮捕，并将吴的赃银五千余万两及无数珍宝据为己有。珠池监李敬与李凤平素有仇，见此情况妒火中烧，于是装作廉洁奉公的面孔，处处与李凤作对。

李时华十分了解李敬不是良善之辈，手中掌握着珍珠场税监的大权，贪婪凶横，其恶不亚于李凤，每年还从珍珠场中侵吞税银万两，以饱私囊。李时华痛恨这两个蛀虫，见其争斗，趁机介入其矛盾，加入了反对李凤的阵营，据实弹劾李凤。

给事中宋一韩亦向朝廷揭发了李凤侵吞赃款的罪行。吏部尚书李戴也极言李凤是造成地方祸患的首恶，为此特赴潮阳鼓噪，激起民众的怒火。粤人得知李凤的恶行时，人人争欲杀之。李时华首劾税监李凤之事，尤为时人称许。都御史温纯在朝廷素有厚望，其"肃百僚，振风纪"，清白奉公的操守，被人视为一代名臣。温纯亦十分忧患矿税为害地方，肆虐百姓。为支持李时华，他特疏请罢矿税,逮捕李凤等人。温纯疏曰:"自矿税肆害,未有如广东税使李凤所为者,内结粤夷,外钩红夷(葡萄牙人),图逞私胸,辄开边衅,飞而食人,甚于虎狼,岂止欺孤虐寡,积宝堆珍,如按臣李时华所陈耶。"然而万历帝糊涂固执,始终不愿惩办李凤。

李时华出任四川巡按时,做了一件有利于国家长治久安和地方民族团结的大事:

万历二十四年(1596)七月,播州(今遵义地区)宣慰使杨应龙起兵反明,随之焚草塘、余庆,掠兴隆(今黄平县)、都匀,围黄平(今黄平县旧州镇),袭偏桥(今施秉县)。万历二十七年(1599)二月,贵州巡抚江东之派兵三千前去讨伐,被其诱歼,江亦因此被罢官。之后,杨应龙挥师北上,攻陷四川綦江,歼灭守军三千人,杀明将房嘉宠等人。

杨应龙的叛乱危及西南地区的安定,是年十月,万历帝赐兵部右侍郎李化龙尚方宝剑,总督四川、湖广、贵州三省兵马,集十四万大军,于万历二十八年(1600)分八路围攻播州。经过四个月的鏖战,杨应龙兵败身死。其后,贵州巡抚郭子章疏请将当年"播州侵水西乌江地六百里"归还平定有功的水西宣慰使安疆臣。然而遭到总督王象乾的反对,争议数年后,仍无结果。李时华认为不归还水西地,不仅伤害了贵州少数民族上层分子的感情,破坏了民族团结,而且埋下了动乱的祸根,不利于西南地区的长治久安。为此,他上疏曰:"征播之役,水西不惟假道,又且助兵。矧(况且)失之土司,得之土司。播故输粮,水亦纳赋,不宜以土地之故,伤宇下之仁。"尚书萧大亨支持李时华的奏疏,朝廷最终同意将原为杨应龙侵占的水西地归还了安疆臣。

在四川巡按的任上,李时华还为该省及贵州人民做了两件大好事:一、四川科举弊端、漏洞甚多,难以遏制,为打击这种腐坏风气,建立良好学风和规范考试纪律,他特在贡院制定条例并严格施行;二、鉴于省城贵阳周边县城无县学的状况,建议兴学育才。其奏疏内款中这么写道:"一曰,议增县学。贵(阳)当开荒草创之初,经制未备,省城故无府,而有府自隆庆元年(1567)始附郭,故无州县,而有州县自近始,规模初定,已俨然省会之具体矣。惟是新贵有县而无学,尚非全制。今播(州)事荡平,诸凡创建,焕然一新,独令首善之地(指贵阳),有此缺典可乎?谓宜增一县学,官不必添,取诸府、司,二学改授一员;廪不必设,取诸府、司,二学各拨十名;庙不必建,府学原与司学共。近方改于城外,则县学仍府学旧制可也。教官卫舍俱全,一转移间,而规制自大定矣。此非臣一人之私言也,地方先后抚、按诸臣皆有此念,独以加廪之难,又不欲割府、司之所有,以是中搁耳。今播事已剿平,何难处此?廪饩应行,抚、按酌议,详细具奏。"

万历三十一年(1603)八月,朝廷准其所请,始设新贵县学及黄平州学,改普定、平越(今福泉市)为安顺、平越二府学。

李时华是万历十年(1582)举人,工诗善文,旧学根基深厚。由于做官的原因,他一生游历甚广,足迹遍及黄河内外、大江南北。每当登临送目之时,游览山光水色之际,其情思如涌,浮想联翩，于是磨墨摊纸，挥毫题咏：广州灵峰山有他的诗碑，南海神庙有他的诗刻，蜀中大地留下了他美丽的诗篇，故乡南明河畔深潭碧波是他魂牵梦系的地方。其在《涵碧潭》一诗中，怀着对故乡山水的真挚感情，将神奇的想象、清新的语言诉诸笔端，热情地讴歌了城南南明河上霁虹桥一带的美景。其诗曰：

> 一水绕山城，曾将洗甲兵。
> 秋波涵碧玉，春涨点红英。
> 龙卧归云湿，犀沉夜月明。
> 寒潭深万丈，彻底未来清。

李时华官至太仆寺卿，后因年老体衰告归。返回故乡后，他十分注重操守，以及自己在民众眼中的形象，对于别人善意的批评，虚心接受，知错必改。据《贵州通志·人物志》所载：往昔前辈衣锦还乡，入里门必下轿徒步，不得安车舆马炫耀乡人。时某同乡当官归里，李时华坐轿前去拜访，因而被人讥曰："坐轿垂帘，芳麓李公声价重。"对此舆论，李时华非常不安，反躬自省，不再有此行为。

李时华是儒家思想培养出来的优秀士人，是贵州崇山峻岭孕育的大山之子。他怀抱经国济世的理想，在宦官把持朝政、胡作非为的年代，不惜以身家性命、官阶禄位与强大的宦官集团做斗争。其疾恶如仇、不畏强权的豪情，铮铮铁骨、凛然正气的形象，彰显了贵州士人的风骨，值得后人效法。

德行兼具的越英

在明朝统治贵州的近三百年间，贵阳越氏的事功令人瞩目。越氏家族以良好的素质、高尚的人格、科举场上不俗的表现，以及对国家的忠贞，从而跻身于贵阳著名世家之列。《贵州通志·人物志》中，越氏有五人入传。其中，越英以刚直不阿、清廉自守的官风为治地百姓所称道；而其后的越其杰，则以"横槊赋诗"的将军诗人而闻名后世。

明永乐初年，杭州临安人越端随军入黔，为贵阳越氏的入黔始祖。宣德年间（1426—1435），越氏家族顺应时代潮流，弃武修文，问鼎科举，越端长子越升（字朝阳）以明经行修举播州（今遵义地区）宣慰司儒学训导，其余二子，皆以学行著于乡。

德行兼具的越英

越英，字德充，越升三世孙。少时，越英随叔父到省外做官，在湖南生活了十余年。叔父病逝后，其家衰败，家人流落他乡。越英见状，痛苦万分。为报叔父往日养育之恩，他历尽艰险寻访其家人下落，最终全数送回故乡。

由于早年寄寓他乡，学业荒废，加之寻找亲人，奔波劳碌，返回故乡时越英年华已逝，步入中年。在乡人眼中，越英年近三十，老大不娶，既无功名，又谋生无着，这样的男子如同废人，颇为人鄙薄。某日，一乡人戏谑地问越英："子志高而数奇，性敏而时已过，将安业？医，儒者事也，曷业诸？"言下之意是，你虽然聪明能干，然而年岁已大，今后靠什么生活？当医生，那是读书人干的职业，你到底想干什么呢？

越英听后，付之一笑，回答道："吾向者从诸父于宦，不幸而有事，则急难为重；今者，既免于难，则父书可读，承家学为急。不见苏老泉公乎？"其意十分明显，那就是：自己虽年纪不小，但读书学习什么时候都不晚。难道你不知宋代苏洵二十七岁发愤苦读的故事吗？

为了表明自己的心志，打消父母乡邻的疑虑，越英焚膏继晷，面壁苦读。他这种出乎寻常的举动，惊动了周围的邻居。对平时了解越英的人来说，越英已过了读书年龄，再努力亦于事无补；不了解他的人则不以为然，甚至讥笑他异想天开、痴人说梦。

父母见越英年岁已大，急着为其娶妻生子。然而所议聘的霍氏之女，因越英长她十二岁，又无功名，便求父母取消婚约。霍

13

父知人识人，认为越英"幼时，日挟书九册，过目几成诵，能社谜及曹娥诸体，雅善对句"，虽然现在年岁已大，但历经苦难，日趋成熟，若奋发图强，将来必有成就，于是做主将女儿嫁给了越英。

弘治甲子年（1504），苦读七年的越英踏上了云南乡试的鸟道蚕丛，经过文场检验，高中举人。之后，经吏部选拔，出任衡阳教谕。

越英上任伊始，肃教规，严师弟子礼，任其刚方素性，不为苟合。其刚严的教学作风令学子望而生畏，由此产生了距离感。随着时间的推移，越英的才、德、学、识广为学子折服。其刚直方正、不苟言笑的性格亦被学子所理解，于是"感其有恩，相与不忍不就规矩"。

之后，在全省教谕的两次考试中，越英皆名列第一。九年后，越英"赴吏部试，亦第一，擢四川泸州（太）守"。

泸州过去税役繁多，百姓不堪忍受，疲于奔命。越英上任后，铭记孟子的"民本"理念，体恤民困，薄赋轻徭。百姓感其恩德，热心农事，纺纱织布，经济得以恢复。原先那些流离在外的民众得知新太守施仁政后，相继返回故乡，耕织养畜，安居乐业。久而久之，泸州民安而讼息。

越英秉持"无为而治"的治政理念，认为百姓和乐、社会安定是为官的责任。然而，许多人并不以之为然。某日，越英吃过中饭，见官衙无事，便和衣而睡。如此治理政事，引起了社会的广泛议论。不少人认为越英不作为，辜负民众期望。对此，一位高明的士大夫则有不同的看法，认为越英不扰民、不滋事，这种与民休息的治政风格是治政的最高境界，赞许地说道："异时见官府多事，今公卧治我州矣。"

越英为官清正，痛恨贪腐。有一次，当得知有吏竟然冒充抚台文书企图贪污国库金币时，再看到同僚事不关己、漠然置之的态度，不禁怒上心来，愤愤于色，便向抚台衙门揭发此事。此事上闻后，抚台大喜，示意越英，欲向朝廷举荐他的清操廉行。抚台的"恩宠"，反倒使越英警觉起来。对其而言，自己与抚台素无渊源，其主动示好，动机何在？经过思考，他认为抚台此举另有玄机：一方面借题发挥，以此渲染自己虚怀若谷、选贤与能的襟怀；另一方面培植羽翼，将自己纳为己用，以此壮大自己的势力。越英耻于攀附权贵，不想以此作为进身之阶而自毁形象、蒙羞家门，于是对此"恩宠"不作任何回应。抚台见越英不识抬举，恼怒之余，下令将其调任闲职。通过这个事件，越英看清了官场的丑恶与腐败，为表名节，称疾辞官，返回故里。

返回家乡后，越英过着一种"教子孙以道义，济族人之贫乏，劝乡人以勤俭"的悠然自得的生活，其德行深为乡里所畏服。据《贵州通志·人物志》载：越英"家食三十年，绝迹公门"。为求恬静，他在西郭门外开辟蔬菜圃，取名"西园"，"日静坐其中，作诗文自娱，观书课子，明农莳树，酒不入唇，诸无所嗜好"。

越英性格刚直，孤高寡合，"与乡人处，怡怡然；其遇士夫，则一揖必较，衣冠同俗"。友人认为越英系士大夫，有别于平民百姓，应身着儒服。越英则回答道："吾愧行之不能儒耳！"越英尝言："姜、桂之性，老而愈辛。"被其批评指责之人，因敬其德行，亦虚心接受。

越英虽然远离官场，却十分关注地方文教和民生福祉大事。当贵州巡抚登门恳请他出山训育"幼官"时，他慨然应诺，投入教事。嘉靖《贵州通志》有如是之言："其后，武阶知兵好礼，一时盛于贵阳者，公（越英）所教幼官也。"

过去贵州不能开科取士，乡试依附于云南。贵州学子赴云南考试路途遥远，跋涉艰难，加之瘴毒疾病威胁，学额太少，直接影响到贵州的文教及人才的勃兴。越英早年参加过云南的乡试，对其中的艰辛与甘苦记忆尤为深刻。乡试能在贵州举行，是贵州士人的幸事。

明嘉靖九年（1530），贵州思南籍谏官田秋上《请开设贤科以宏文教疏》，恳请朝廷在贵州设立贡院开科乡试。之后，贵州巡按王杏再次上疏朝廷，说明在贵州开科乡试的必要性。经努力，其建议最终被朝廷采纳。嘉靖十六年（1537），贵州历史上首次乡试在贵阳贡院举行，学额二十五名。越英对此造福桑梓的义举大为赞赏，欣然说道："这种关系国家地方文教的大事我不仅愿意听，而且愿意倾注心力。"

越英的学识人格给儿孙们树立了良好的榜样。在其影响下，三个儿子不负所望，通过苦学，荣登科第。见到儿辈终成大器，越英感慨地说道："若曹俱得一第，不负吾教。"之后，长子越民望（嘉靖庚子举人）选任云南富民知县。临行时，越英执其手送到门口，语重心长地告诫道："毋为墨吏自戕！毋戕民以媚人！否，非吾儿也！"换言之：就是要其为官清正，不要当贪官污吏，辱没家声。

嘉靖二十九年（1550），越英病逝，享年八十岁。

青史留名的许氏家族

清嘉庆十年（1805）秋，湖南学政何学林应表弟许廷瑶之请，为母氏《许氏家谱》作序，旨在"家而藏之，子孙世守"，"晓然于木本水源，而光大前烈者有所考据"。

在《序》中，何学林为许氏追本溯源，曰："金筑（贵阳）许氏，系出高阳（今河北保定一带），裔传太岳（今山西霍州东南），成周时太叔受封，遂以国为氏。历秦汉唐宋以来，名公巨卿照耀史册者代有伟人。其出汝南者名人彰彰，笔不胜书……殆有明初，其先得名公以名宦来黔，自是相继而著功业、彰名誉，曜然足以光史乘者殆然枚举，经今凡十四世矣……"

古人曰："读史而知历代，览册而师贤豪。"为了了解明初许氏入黔扎根、生活发展以及在历史进程中的作为建树，笔者通过对史册及《许氏家谱》的研读，对许氏家族在黔的生活轨迹和世系脉络逐渐明晰起来。

明洪武十八年（1385），家住直隶江南凤阳府泗州小西门杨柳街的许得名，以管军千户奉旨随信国公汤和征讨思州（今岑巩县），再讨五开（今黎平县），屡功升指挥佥事，不久奉命驻黔。明永乐四年（1406），许得名留守贵州（贵阳旧名），卒后诰封明威将军，葬贵阳城郊的沙子哨。

许氏家族落籍贵阳后，在明清近六百多年间，子孙中出了不少军人、秀才、举人和进士，并向朝廷输送了一些清官廉吏和死节之臣，其中载入史册的有许奇、许一德、许善所、许光达、许泽新等。

许奇，字文正，号长泉，贵阳府学生员（秀才）。嘉靖辛卯（1531），许奇赴云南乡试，中举人后授云南巨津知州。巨津系彝族聚居之地，由于朝廷在此没有设置官署，许奇常常身带知州大印往返于太和、昆明、邓川、赵姚等地，指挥官兵剿抚寇贼。朝廷鉴于许奇清廉干练，治政有术，深受治地军民拥护，于是调其任四川顺庆府同知。

许奇为官清正，廉洁耿介，是非分明，立场坚定，即令得罪上官亦在所不惧。有一次，官府捕获一巨盗。为保全性命和早日脱罪，巨盗不惜四处打点，重金行贿。监司得到好处欲将其释放，却遭到许奇的强烈反对。许奇认为该盗危害地方多年，不严惩不足以平民愤，若纵虎归山，将贻害无穷。在许奇的抗争下，监司无奈，只好收回成命。

恰逢此时出现盐税无从征收的难题。对官府而言，最好的办法莫过于转嫁危机，将盐税均摊在粮税之中。对此，许奇大不以为然，认为这样的摊派病民坑民，不仅荒谬，而且对民众极不公平。于是，他挺身而出，为民请命。其曰："课生于井，粮生于田，齐民无井而使代盐课，是甲疽而乙之困也。"换言之就是："盐税出于盐井，粮税出于农田，广大民众不拥有盐井却要向他们征收盐税，这是甲身上的毒疮却让乙承担医疗费用，实在可笑！"这样的意见自然不为上官所喜，在上官和同僚的倾轧和挤压下，许奇最终丢官弃职。

许奇一生深受儒家思想影响，注重品格操守，未登科第前曾与易氏之女有过婚约，将要迎娶时才得知该女残疾多病。某日，许奇与易家长辈邂逅，发现对方面露赧色，而不谈结婚之事。许奇知其原因，于是坦然说道："女子已许于我，我不娶，女安归？"许奇不受世俗偏见所囿的高尚人格感动了对方，最终两家结为秦晋之好。

许奇的德行给儿孙们树立了良好的风范。在他的教育和影响下，儿孙奋发图强，志在功名，所生五子均成名宦，孙辈中亦有不少英雄豪俊。

许一德，字子恒，号吉庵，许奇长子。明嘉靖四十三年（1564），许一德中甲子科解元，七年后北上京试，再中进士。进入仕途后，许一德历任云南呈贡知县、四川叙州府宜宾知县、陕西道监察御史、湖广承天荆西道参议、浙江嘉湖道及云南按察司副使。

许一德是一个清操自持、爱惜羽毛的官员，凡有损名节之事从不染指。正当仕途顺利、前途无量之时，出于对官场的黑暗和勾心斗角、尔虞我诈的环境有愈加清醒的认识，厌恶和反感官场腐败之风，他毅然决定，告病乞归。

返回故里后，许一德虽远离政治舞台，却心忧天下、关心国事。对于朝廷的腐败、宦党的横行以及东林党人的抗斗，他感到国势日非，却又无能为力，因此痛心疾首，怅惘不已。

晚年时，许一德受贵州巡抚江东之邀请，与都匀名进士陈尚象共同修纂《贵州通志》。许一德当时年事已高，力不从心，出于对乡邦文献的保护，欣然接受了这项光荣的历史使命，与陈尚象担任主纂。经过三年的潜心编修，于明万历二十五年（1597）成稿刊印。《贵州通志》是许一德老有所为参编之最后杰作，亦是其热爱桑梓、对贵州历史文化做出的重大贡献。

万历三十七年（1609），许一德与世长辞，享年八十七岁。贵州《康熙通志》有此评价："立朝多所建白（陈述意见，有所建议），迁云南副使，乞休归。家居四十余年，惇厚谦谨，人称长者。"

许善所，字元夫，号明谷，许一德三弟厚德之次子，万历壬子（1612）科举人。入仕后，许善所先后任河南开封府西华县、襄城县教谕，直隶顺德府南和县知县。

在南和任上，许善所"厘弊苏困，驾轻就熟，有仁声"。之后，因拒绝修建魏忠贤生祠而被上司、同僚排斥。魏忠贤失势后，许善所升任湖南岳州府通判。

岳州为川楚要冲，在长江、洞庭湖之间，来往人员复杂。由于官府不力，致使豪强大户恃强凌弱、鱼肉百姓，奸邪之辈为非作歹、为害地方，社会治安情况极其混乱。

通判一职，所负之责是管理辖地田粮、捕鱼、水利、湖田开浔、江沙迁徙、芦地变更等事务。过去岳州为此诉讼的人很多，而胜诉的往往是有钱有势的人。许善所上任后，将"息讼"和整顿治安作为第一要务。为重树司法尊严，予民公平正义，他实地勘验，了解诉讼双方界畔远近广狭，使奸民豪右无计可施。

为消弭匪患、打击犯罪，许善所把矛头指向巨盗大贼。在其密谋下，擒获了不少为害地方的水陆大盗，使治安状况大为好转。尽管许善所有"勤于政事，著敏干才"之誉，然而在勾心斗角的官场，他的廉洁清操，始终被同僚反感，最终因谗言中伤谪补河南南阳府南召知县。

时值明末农民大起义，邻省河北局势突然恶化，原投降官军的起义军，趁监军杨进朝不备，待到黄河结冰之时，一举攻占渑池、伊阳、卢氏诸县，随后入据内乡，进围南阳。对许善所而言，此时南召形势十分严峻，由于数度遭受战火，兵食两虚，难以招架更大的进攻。为了完成守土的责任，许善所处乱不惊，指挥若定。起义军久攻不下，于是大掠村堡，转道豫南，直取荆州、襄阳，致使黄河以南的要害地区尽入其手。许善所坐困危城、誓死守卫南召之时，没想到厄运重演，又遭弹劾，于是罢官而归。

明崇祯十七年（1644）三月十九日，李自成攻占北京，明思宗自缢，明王朝覆亡。四月，宁远总兵吴三桂降清，在其引领下，清军入山海关，大败李自成大顺军。五月，清军进占北京，随即南下扫荡南明王朝。

亡国之痛及清军在各地的暴行，令许善所忧心如焚，痛苦万分。为寄忠愤，他闭门扫轨，日与同里诗人吴中蕃等人弹琴放歌，"宛然晋征士之风"。

清顺治十四年（1657），南明永历王朝秦王孙可望与西宁王李定国争斗兵败后降清，向清经略辅臣洪承畴告以西南虚实。同年十二月十五日，清廷下达进军西南的命令，派大将军洛托与洪承畴自湖南，平西王吴三桂由四川，征南将军卓布泰出广西，三路大军矛头直指贵州。清军攻势凌厉，迅速瓦解南明王朝军队的抵抗，并占领黔中广大地区。李定国见大势已去，贵州已不可守，便收拾残部，退守云南。

国事至此，许善所慨叹不已。尽管明室气数已定，自己回天乏术，然而他仍抱着幻想，一度企图趁清军在贵州未能站稳之机，秘密联络反清义士，伺机起义。然而事与愿违，随着十万清军云集贵州，贵州纳入清廷版图，许善所这时才痛感到，要与驻黔清军抗衡，无异于以卵击石，自取灭亡。

清军平定贵州后，许善所心情矛盾，无所寄托。对其来说，自己不能驰骋沙场，挽救危亡，已属不幸；如若卖身求荣，成为清廷鹰犬，无疑自毁名节，为天下人所不齿。为躲避清廷征召，他特辟家宅左屋为指月堂（位处贵阳指月街），野服道装，借佛自隐。

清康熙三年（1664），许善所病体垂危，临终之际，告诫儿孙不为其立墓石，并将其著述付之一炬。说完后，这位心存明室、至死不渝的老人溘然辞世，享年八十二岁。

许奇元孙许光达，步先人之后踵，在国家多难之时，成为反清复明以身殉难的家族典范。

许光达（一说允达），号嵩岳，许世彦之子，秀才。明崇祯二年（1629），总督云贵、川广军务的朱燮元攻破水西（鸭池河以西地区），杀奢崇明、安邦彦，平定了为时八年的"奢安之乱"。然而奢、安残余势力仍未消亡，时时威胁到地方政府的生存。有感于斯，许光达输资捐饷，追随巡按御史胡平运，"征巴香、黄草坝诸苗，屡有战功，遂授武职，洊升四川夔州营参将，总十三隘军事"。

明崇祯十七年（1644）正月，张献忠入川，直破渝州（今重庆市），趋成都，全川沦陷。许光达拒守有功，南明永历帝朱由榔授其都督佥事参将。清军平定西南，许光达因战不利，与子斌、翔、耀及叔父世英、世常、世璧、世杰皆因抗拒而死。

许氏家族是明代贵阳著名的世家，其荣枯盛衰与时代有着密切关系。在历史的长河中，这个家族恪守圣贤之教，以天下为忧，载入史册，成为不可遗忘的家族。

才华横溢的丘氏兄弟

明朝末年,天下大乱。东北的后金,东洋的倭寇,加上国内日趋尖锐的阶级矛盾,对明王朝的统治形成巨大的威胁。然而国家的命运影响着人们的心志,艰难的时世催生着各式人才,在这内忧外患的年代中,涌现出不少政治、军事、文化的人才。这些身逢乱世的英雄豪杰及文坛才俊,以自己的事功和才华,为明王朝历史注入了丰富多彩的内容。贵阳府新添卫(治今贵定县)的丘禾实、丘禾嘉兄弟,亲逢其世,应时而起,一个"以文采炫耀于黔南",一个以抗御外敌而闻名于当世,为贵州的历史长卷留下了光辉的形象。

据黄万机先生《贵州汉文学发展史》所载:明洪武年间,山东即墨人丘安随军出征西南,任新添卫后所百户之职,其后落籍该地,子孙世袭武职,官至卫指挥佥事、贵州都指挥使。

明隆庆元年(1567),新添卫生员丘东昌乡试中举,成为丘氏家族入黔后的第一位举人。进入仕途后,丘东昌历任教谕、知县,终官泸州知府。丘东昌告老还乡后,建"虚白书堂",一面教导儿女,一面杜门著述。有《法喜随笔》传世。

丘禾实,字登之、有秋,号鹤峰,丘东昌长子。其自幼聪颖好学,"文思颖赡",为秀才时已有诗名。明万历十九年(1591),丘禾实参加乡试,中解元(举人第一名)。七年后,他再试京师,中进士,授翰林院检讨,为明代云贵两省入翰林院授职第一人。

丘禾实热爱大自然,对山川形胜有着特殊感情。万历二十九年(1601),他奉命巡视湖广、云贵,公余之暇特地前往探视家乡的父母。听说离家五十里外有一神仙洞府式的凭虚洞(亦称牟珠洞),喜欢探幽访胜的他顾不得疲劳,欣然前往。

当丘禾实来到凭虚洞时,洞外奇异的景色给他的视觉、听觉带来了巨大的冲击。凭虚洞位于半山之间,洞中涌出的水流,宛如白练从天而降,在山下溅起了哗哗响声,令其目眩神迷,心醉向往;进入洞中,钟乳石莹莹如玉,千姿百态,给人神奇的遐想。凭虚洞分三层,随兴而上,犹如登临天上宫阙,有凭临虚空之感。置身"阆风"仙境,丘禾实不禁感叹上天的鬼斧神工。为了记录内心的感受,留下美好的记忆,他诉诸笔端,写下了《游凭虚洞记》一文及诗十首。自此,凭虚洞之名因丘禾实之诗文而显露于世。之后,历代文人墨客接踵而至,为之题咏,使凭虚洞成为黔中名胜。

万历三十年(1602),丘禾实巡视完毕,在返京途中再次折回家乡。得知新添卫北十里的阳宝山新建了佛寺,又兴冲冲地赶去观光。

阳宝山佛寺为大理人白云禅师所建。据《大清一统志》记载,万历年间,白云禅师到阳宝山探幽寻胜,"直穷薮泽。山故多虎,主僧止之弗听,裹粮坐泽中,凡八日,时方大雪,僧所止,有鹿卧其地,雪弗能及,其虎亦绝"。

这个记载虽然神乎其神,令人难以置信,然而康熙《贵州通志》却比较真实地记载了以后的事情:白云禅师离开阳宝山时,发誓要再来这里修建寺院。十年后,他信守诺言重返旧地,"建千佛寺,备极精巧,前后楼数十楹,飞甍建瓴,巍然巨观,为黔中名刹"。自此,千佛寺香火鼎盛,善男信女络绎不绝,每日暮鼓晨钟,香烟缭绕,成为贵州佛教圣山。

丘禾实登临阳宝山时,感到山高云深,寺浮云间,拾级而上,如登云路。到了山顶,放眼四看,美不胜收。山中寺院,环境幽静,林木苍翠。虽然白云禅师待寺建成后离去,但丘禾实睹物思情,不免有些感慨。当夜,他趁着月色,路过披着月光的松间小路,前往山寺寄托幽情,不知不觉地来到僧舍,随即与住持清谈。皓月当空,松风拂面,品茗谈天,俯仰古今,看纷繁世间,叹人生短暂,丘禾实不禁有所感悟。之后,他为这次登阳宝山留下了两首诗,其二写道:

缥缈危峰碧落齐，攀跻竟日有招提。

云生户外诸天近，月挂松梢万象低。

元岳何年归玉笈，清谈中夜共阇黎。

一声唤醒浮生梦，不是灵鸡不敢啼。

万历三十二年至四十三年（1604—1615），丘禾实历任会试同考官、会试考官、右春坊右赞善、右渝德、右庶子和武科会试主考官，一度因父亲病故回乡守孝三年有余。之后，因妻病故，丘禾实悲痛过度而染疾，医治无效在京病逝，享年四十五岁。

丘禾实才高学博，一生喜文，著作宏富，有《丘禾实文集》八卷、《丘禾实诗集》四卷、《丘氏家乘》、《经筵进讲录》、《循陔园集》、《循陔园集类编》十二卷。其作品大多散佚，不传于后世。至今仅存《循陔园集》及诗十余首、文几篇。

丘禾实书法雄放，颇为人称誉。如今阳宝山所遗存的"千岩万壑"四个摩崖大字，是丘禾实当年游山时所书。其笔力雄健，古朴苍劲，被视为一代佳作。

丘东昌第三子丘禾嘉，与其兄丘禾实性格情趣截然不同。据史册所载：丘禾嘉自幼好谈兵，常从《左传》《战国策》中学习战守之策。万历四十一年（1613），丘禾嘉乡试中举，时年二十五岁。

明天启元年（1621），四川永宁宣抚使奢崇明举兵反明，贵州土官安邦彦与其遥相呼应，一时间川黔两省风云骤起、烽火连天，成了搏杀的战场。在奢崇明进围重庆时，安邦彦率十万之众陷毕节、破乌撒（今威宁县城），随后分兵破沾益、安顺、平坝等地。在占据龙里后，安邦彦又派部将下瓮安，袭偏桥（今施秉县城），切断明军后援，从而对贵阳形成合围之势。

贵阳告急，新添卫也危如累卵，眼看家乡即将不保，丘禾嘉捐资制器，护城防卫。之后，经过九年之久的征剿，明军终于平定了"奢安之乱"。在平定叛乱的过程中，丘禾嘉表现不俗，曾协助官军擒获叛逆魁首何中蔚，因功而被任命为祁门教谕。

赴任途中，丘禾嘉曾在黄山一游。当望着峭壁飞瀑、层峦叠嶂、奇花异草的美景时，他不禁被眼前的美景所陶醉，感慨之余，喃喃叹道："大丈夫得志，当令天下诸侯膝行而前，功成身退，把茅盖头，老死山中足矣，安能寂寂守此冷毡耶！"由此可见，其心雄万夫，不是久居人下之辈。

明崇祯元年（1628），明思宗朱由检登极，下诏广招贤才。贵州巡抚蔡复一向朝廷举荐丘禾嘉，并呈其有关军事方略的一篇文章。明思宗阅后大为嘉许，破格授予丘禾嘉兵部职方主事一职。

崇祯二年（1629），后金大举攻明，畿辅多处州县陷落。为保卫京城，明王朝急命孙承宗镇守通州，阻遏来犯之敌。

次年正月，明王朝调原蓟辽总督梁廷栋入主中枢，任兵部尚书，节制关内各路兵马。鉴于马世龙不听其指挥，梁廷栋令丘禾嘉监纪其军。不久，皇太极率军攻占永平、迁安、遵化、滦州四城，形势对明军更加不利。出人意料的是，在这节骨眼上，皇太极突然留下大贝勒阿敏等人守御四城，自己率主力撤走。

后金主力的撤走,为明军提供了收复失地的绝佳机会。当时,统率关外的明蓟辽总督孙承宗正在关内,新任蓟辽总督张凤翼还未到任,加之顺天巡抚方大任年老多病不能带兵。然而对丘禾嘉来说,现在正是反击敌军、收复失地的最佳时机。他一面通知关内声援,一面亲率大军进驻开平。二月,后金军来攻,丘禾嘉奋力扼守,后金军无功而返。趁着余勇,丘禾嘉率军转战滦州、牛门、水门、遵化等地,一举收复了永平四城。

这次军事上的重大胜利,无疑给明王朝打了一剂强心针。因丘禾嘉在此役立下大功,朝廷授其右佥都御史、辽东巡抚,兼辖山海关诸处。上任之初,恰逢后金军两万骑兵围攻锦州城,丘禾嘉迅速督促诸将赶赴救援,迫使敌军撤退。

崇祯四年(1631)五月,因丘禾嘉与前锋总兵祖大寿不和,孙承宗以"不欲以武将去文臣"之名密奏朝廷,请求将丘禾嘉改任。朝廷应其所请,以孙谷代丘禾嘉之职,调其就任南京太仆卿。

在孙谷上任前,丘禾嘉仍忠于职守,部署兵力坚守在大凌河、松山一带。八月,后金军兵临城下,掘壕筑墙,形成合围之势。为防备明军的救援,后金军分军封锁锦州大道。面对危局,丘禾嘉当机立断,亲率大军驰入锦州城,与总兵吴襄、宋伟合兵赴救。在离松山三十里的地方,明军与后金军相遇,战于长山、小凌河之间,不分胜负,互有伤亡。

九月十五日,后金军兵分五路包围锦州,明军出战不利,退回城中死守。二十四日,监军张春会集合吴襄、宋伟两军,渡过小凌河向东五里筑垒设防,为大凌河声援,将后金军阻截于长山一带。丘禾嘉派张洪谟、祖大寿等人出战五里庄,亦不胜。为扭转形势,丘禾嘉夜赴小凌河。长山接战时,明军遭到后金军的沉重打击,明副将张春、张洪谟、杨华征等三十三人被俘,副将张吉甫、满库、王之敬等人阵亡。祖大寿怯敌畏战,按兵不动,大凌城的援军自此绝迹。

消息传至京师,朝野震惊。孙谷未能及时履任,朝廷罢其任,又令谢琏去接替丘禾嘉。谢琏本是贪生怕死之人,接旨后亦拖延不至。之后由于战事紧张,朝廷改令谢琏守卫关外,仍留丘禾嘉坚守松山、大凌河一带。

十月下旬,后金军攻占大凌河,城中粮尽,守军宰杀战马而食。祖大寿见情势危殆,于是杀副将何可纲后与后金军暗通款曲,密约降敌。为取得后金军的信任,祖大寿又设计诱降锦州守将。其阴谋被丘禾嘉识破后,祖大寿仓皇逃遁。

面对困局逆境,丘禾嘉指挥若定,一面令方一藻巡抚宁远,一面以佥都御史之职巡抚山海、永平等处。事后,明思宗因丘禾嘉独守松山、大凌河一带有功,知其与祖大寿的叛国并无关系,因此没有迁怒于他。

由于常与孙承宗意见相左,不为其所喜,丘禾嘉于崇祯五年(1632)四月被召回京师。丘禾嘉想到国事如斯,忧心如焚,加之受讥受谤,内心痛苦,于是托病辞官,未出京门即病逝。

丘禾嘉文武兼资,一生勤于笔耕,著述不辍,著有《蔬永堂疏稿》《东征疏草》《黄山游记》《青萝集》及《澹园集》等著作。丘禾嘉与其父、其兄均有诗名。在务源时，出版了诗歌《青萝集》。时人余绍祉在序中把丘禾嘉与平倭儒将胡宗宪比较，称"先生之奇不在胡公下，而为诗过之"，认为丘诗"有一段慷慨之气，如幽燕侠少年，顾盼伟如"。

丘禾嘉的诗文大都亡佚，存诗仅《黄山杂诗》四首及《读东坡义烈碑》一首。其诗想象之奇特、比拟之巧妙、寓意之深刻，从中可见其才情。现以《剪刀峰》一诗以佐证之：

世法久拚归泡影，文章恰亦镂冰脂。
如何刀翦同峰快，尚有人间不断丝。

丘禾嘉是由举人入登仕途并官至巡抚的士人。在明代选官的历史上，举人进入封疆大吏这个层次，极少而特殊。据史册记载：隆庆年间仅海瑞一人，万历年间只有张守中、艾穆二人。崇祯年间，因国事艰难，朱由检破格求才，得十人，其中有贵州人丘禾嘉、何腾蛟二人。

丘禾嘉的事迹早已成为历史，然而在中国人民的记忆中，并没有忘记这个效忠国家、扬威关外的英雄。如今在山海关的长城上，塑有丘禾嘉高大威武的戎装石像，他凛然可畏的目光，仿佛凝望着昔日杀戮的战场。

将军诗人越其杰

越其杰，字卓凡，越英重孙。据《贵阳府志·明诸越传第七》所载：越其杰与杨师孔系总角（指童年）之交，之后结为姻亲（杨为越的姐丈）。越其杰自幼习文好武，"性倜傥，善骑射，诗文亦超越有奇气"。杨文骢在《屡非草略·序》中对越其杰有如是之语："余舅氏卓凡公，生而颖异，总角作诗，为先子（杨师孔）所畏。既长，益肆力。"

明万历二十四年（1596），播州宣慰使杨应龙举兵反明，置关据险抗拒官兵。七月，出兵焚草堂、余庆，掠兴隆（今黄平县）、都匀，围黄平（今黄平县旧州镇），袭偏桥（今施秉县），贵州全境震荡。

万历二十七年（1599）春，贵州巡抚江东之派三千兵勇前去平叛，被杨应龙诱歼于乌江边，江因此而罢官。六月，杨应龙攻占四川綦江，歼守城将士三千。噩耗传到京城，明王朝大为震惊，于是动用了川、黔、湖广三省的十四万大军，分八路征讨，于万历二十八年（1600）才将这场叛乱平息。

当时，越其杰春秋正富，对发生在家乡及邻省的叛乱十分关切。他密切注视战事的发展和胜败的消息，向往着宋代诗人陆游的"上马击狂胡，下马草军书"的人生理想，憧憬着宋代词人辛弃疾的"壮岁旌旗拥万夫"驱驰杀敌的军旅生活。然而，越其杰从戎平播之志最终没有实现。

万历三十四年（1606），越其杰乡试中举。五年后"奢安之乱"在西南爆发，从而圆了他的军旅梦。

明天启元年（1621），四川永宁宣抚使奢崇明反明，占领重庆、泸州、遵义，围困成都。次年，贵州宣慰司同知安邦彦、乌撒土司安效良、水东土司宋万化等起兵支援奢崇明，一时间川、黔两省烽烟四起，兵燹连天。

正当奢崇明进围成都之时，朝廷任命越其杰为四川夔州府同知。不久，战局逆转，成都守军击败了围城的奢崇明，后乘胜追击，收复了州、县、卫所四十处。当官军推进到重庆时，受到了叛将樊龙的顽强抵抗。奢崇明见重庆的外围佛图关已被明将徐如珂、秦良玉攻拔，重庆城危在旦夕，便从泸州率领大军驰援，对明军形成夹击之势。

徐如珂见其来势汹汹，难以争锋，急令夔州司马越其杰紧随叛军之后，伺机袭击。越其杰不负所望，率军截击打援，斩首万余，致使叛军全线溃败。与此同时，明监军佥事戴君恩指挥部属加紧攻城。

得知援军溃败的消息后，守城的叛军斗志消沉，在强大的攻势下，重庆城终于被攻破，樊龙战死。事后，朝廷论功行赏，越其杰升任佥事。不久，他因得罪上司，丢官去职。

之后，贵州战事再起。天启四年（1624）正月，明军在黔西内庄平叛时，遭到安邦彦所部的袭击，贵州巡抚王三善及总兵马炯、秦明屏等人被杀，总兵鲁钦带着残兵逃回贵阳。鉴于贵州形势紧张，明王朝再三考量，决定起用在家赋闲的越其杰，任命其为贵州监军。这场平叛战争一直延续到明崇祯三年（1630），最终以奢崇明、安邦彦双双败死而宣告结束。

杨文骢在文中记录了舅父此时期的不凡经历，说越其杰在平叛中，"身经百战，亲冒矢石，往往于鞍马间为文，慷慨悲壮，所谓'橄楯变风云'，足以当之"。这是对越其杰具有非凡的军人气质与诗人情怀的中肯评价。

越其杰擅长军事，是个难得的人才。但是，他倨傲不群的个性，犯了官场大忌。由于上官的忌惮，他最终丢官去职。不久，越其杰再次被起用，出任霸州兵备副使。上任不久，又遭同僚谗言中伤，被崇祯帝下旨谪戍定海。

初到定海，越其杰感仕途之坎坷，于是有"咎深常反己，命薄敢尤人"之哀叹。身处云海茫茫的海岛，目睹眼前新奇美丽的景色，眼前的阴霾蓦然消逝；他常常乘坐一叶轻舟，泛游于青萍之间，蓝天碧海，孤帆远影，驱散了心中谪戍的哀伤。在这个海天相连、人迹罕至的岛上，他常常沉思默想，反躬自省，从古往今来的不少事例中寻求答案，逐渐对现实有了清醒的认识。他明白：仕途险恶，命乖运蹇，为统治者奔驰效命、输诚尽忠绝非快事，往往祸福相依、利害共存，与其遭人嫉恨、被人中伤，不如归隐林泉，做一个自由人。

崇祯末年，内忧外患吃紧，北方的女真人、东南沿海的倭寇，以及风起云涌的农民起义军，对明王朝的统治形成了极大的威胁。为了重振国势，朝廷这时又想起了越其杰，于是下旨任命他为凤阳监军。

崇祯十七年（1644）三月十七日，李自成率大顺军攻破北京，统治中国二百七十六年的明王朝寿终正寝。这时，早已虎视中原的女真人，在吴三桂的引领下趁机入关，击败了李自成，挥师南下，进占中原。福王朱由崧匆忙在南京建立弘光王朝。为了抵御清兵的南下，越其杰被任命为右佥都御史，巡抚登、莱二州。是年秋，他被调任河南巡抚，兼辖颍、亳二州，提督军务。

南明弘光元年（1645），兵部尚书史可法坐镇扬州，总督江北军事，统辖四镇总兵，志在挺进中原，恢复明室。四镇之中，总兵高杰实力最强，被史可法所倚重。高杰打算由河南开州（今濮阳市）、归德进军，然后夺取中原。可是，他没有料到驻扎在睢州（今河南睢县）的总兵许定国早有异志，与清兵已有勾结。

为了打消高杰的疑虑，许定国派儿子到归德向高杰输送钱款。高杰胸无城府，利令智昏，欣喜之余，邀请许定国赴归德共商军国大事。许定国担心有诈，婉言谢绝。高杰便邀请越其杰一同到睢州与许定国会盟。

当高杰、越其杰来到睢州时，许定国亲到城郊迎接。从言谈举止中，越其杰发现许定国目光游移，认为其中有诈，于是劝告高杰不要入城。可是，高杰刚愎自用，不听其忠告，毫无戒备地进入城中，结果在宴席上被伏兵所袭杀。许定国随之降清。这场军事政变，导致史可法的北进计划成为泡影。

越其杰是否死于此劫，史册中有两种版本：道光《贵阳府志·明耆旧传》曰："其杰走，不知所终。"《黔诗纪略》则云："南京破，寻卒。"最近笔者得到一个信息，完全颠覆了以上记载。据今越、黄后人所言：弘光王朝覆亡后，江北四镇总兵之一的靖南伯黄得功为保存血脉，将其家小托付给挚友越其杰，嘱其带到贵州，交给姻亲安平（今安顺市平坝区）陈氏保护。之后，清兵进据西南，越其杰隐姓埋名，潜入深山躲藏。

2018年8月19日，艳阳高照，笔者与几位文史学者前往贵阳市花溪区久安乡吴山村凯龙寨进行调研查证。在越氏后人越训福的引导下，我们进入深山密林中，最终在荆棘丛中发现了越其杰的墓地。大家怀着崇敬之心，拜谒了这位贵州先贤！

越其杰是晚明具有传奇色彩的人物，其一生战功卓著，屡蹶屡起，才华横溢，诗冠黔中。据《黔诗纪略》所载：越其杰一生创作诗歌万余首，所著有《蓟门》《白门》《横槊》《屡非》诸集，为黔中之冠。纵观其诗歌，不难发现这与其"于书无不读，其才无不赅，于身世变态无不经，名山大川无不历"有着必然的联系。

马冲然在《屡非草·序》中,谈到越其杰何以取名《屡非草》时曾有如是之说:"(卓凡)学近人、学前人以为非,至学盛唐、六朝、汉魏亦以为非。盖求诸己者深,故求诸人者浮;取诸人者精,故觉取诸己者陋;后所得者无前,乃觉前所得者有后。诗益工,心益下,气益厚,机益鬼。屡非而卓凡所独是,天下所公是,千秋所真是。"由此可见,越其杰在诗歌创作中,不效法前人、今人,注重真挚感情,讲求鲜明个性,追求妙悟境界,从而形成了自己的诗风。这种诗风与晚明竟陵派有异曲同工之妙。

杨文骢在《屡非草略·序》中,曾这样评论越其杰的诗:"每游必诗,每诗必苦,镂肾呕肝,虽极刻划,而渟蓄淹雅,归于自然……尤勤于学,夜深灯火,呻唔之声彻户外。专诸家得失之林,观气象升降之故,于古今各体辨析毫芒,大或数百言,小数十,无不淋漓纵恣,摆去拘束。"

明末清初贵州大诗人吴中蕃在《屡非草选·序》中,曾谈及与越其杰交往的一段故事,颇令人玩味,读者亦可从中了解越其杰的性格。吴中蕃青年时以侄辈的身份去拜访越其杰,地点在南京鸡鸣寺。初见时,吴中蕃发现对方态度倨傲冷淡,然而谈及诗文,却发现室内的气氛发生了变化。越其杰不仅热情友善,而且与他结为诗友。之后,吴中蕃这么写道:

先生不可一世,而折节于通家弱冠(二十岁左右),譬如足伸地上，其致则倨，其意则亲。是先生傲其所傲而不傲其所不傲也。先生道岸虽整而冲襟甚坦，有廉隅（品行方正，有节操）而无城府，故其诗亦冰棱铁矫，旷而能持。

　　由此可见，越其杰不以凡俗为友，但他对于那些具才情之人却以礼相待，即令是后生晚辈亦折节下交。

风华绝代杨文骢

清康熙三十八年（1699），孔尚任的《桃花扇》问世，赢得了巨大成功，一时间"王公荐绅，莫不借抄"；歌台演出，"岁无虚日"。《桃花扇》之所以声名鹊起，除了作者才华横溢之外，剧情的哀婉动人亦是一大因素。其故事取材于复社领袖侯方域（字朝宗）与江南名妓李香君的爱情故事，并以此为主线，真实地反映了南明时期复社文人与阉党余孽的残酷斗争，揭示了南明弘光王朝亡国的原因，抒发了"兴亡之感"。有趣的是，《桃花扇》中有这么一段情节：奸臣阮大铖逼迫李香君改嫁田仰（贵州思南人），香君誓死不从，碰毁了面颊，血溅扇面。杨龙友（名文骢）把扇面点染成折枝桃花。这面桃花扇就成了孔尚任创作的冲动与缘由。遗憾的是,《桃花扇》因杨龙友画扇而得名,然而在剧中杨龙友却被描绘成八面玲珑、圆通世故、周旋于正邪之间的政客。这与历史真实相差甚大,不得不令人叹息!

据史册记载,杨龙友是明末"诗、书、画三绝"的贵州才人,亦是一位慷慨悲歌的抗清英雄。其一生充满传奇色彩,可歌可泣的故事令人传颂。为正视听,笔者求诸史册,以求客观地再现这位"诗、书、画三绝"的才人和慷慨悲歌的抗清英烈。

杨文骢,字龙友,号山子,明万历二十五年(1597)诞生于贵阳南明河畔杨氏家宅。在父亲杨师孔与舅父越其杰的教导和影响下,杨文骢从小学文习武,工书善画。《贵州文献季刊》称杨文骢"少负奇才,文章剑术兼擅其能,尤耽诗画,伸纸泼墨,如风驰雨骤,生趣横溢"。杨文骢为人豪侠自喜,爱着武服,骑恶马,挽强弓,常与健儿们驰逐于山野,射猎取乐。

杨文骢十岁时随父北上京城,游览了泰山。在途经山东泰安时,杨氏父子登上泰山之巅。面对雄奇壮观的景象,杨文骢感到心中涌起了莫名的冲动,仿佛要他舞动手中的彩笔,在画纸上尽情地渲染自己的才情。

这次登临泰山,不仅启发了杨文骢的艺术灵感,而且使他真正领悟到孔子"登泰山而小天下"的宏伟壮观的意境及其中蕴含的哲理。俗话说"胸中有丘壑,笔下有山水",正是这种对祖国山河的热爱与认识,使杨文骢走上了艺术之路,毕生与诗、书、画结缘,从而创作出传世的诗集《洵美堂集》和书画佳作《山水移》,跻身于书画大家之列。

万历四十六年（1618），杨文骢参加乡试。按照考场规定，若考生答卷与试题要求相距甚远，其答卷基本作废。然而，当提学张汝霖阅卷时，慧眼识人，认为杨文骢的答卷虽然跑题，但才华横溢，识见高远，非寻常士子所能比肩，欣喜之余，视其为奇才，破格拔为第一。

明天启元年（1621），贵州水西（鸭池河以西地区）宣慰同知安邦彦反明，率兵围困贵阳城达十一个月。在此期间，杨文骢招募勇士，与守城军民协力拒守，围解，亲率勇士袭击叛军，给溃逃之敌沉重打击。不久，父亲调任南京，杨文骢奉母北上，与父会合。

南京乃六朝金粉之都，亦是文人骚客、美女佳人云集之地。杨文骢到南京之后，凭借其诗、书、画的超凡才华及豪爽任侠、仗义疏财的性格，立即融入上流社会之中。他广交江南才俊、名流雅士、文坛领袖、政界要人、边关将士以及怀才不遇的士人，与他们谈文论艺，评古论今，谈战守之策，论治平之道。杨文骢的才情卓识广受称誉，时流誉其为"挥金如粪土，气豪壮天下""意气横出，一座尽倾""天下经济救时的奇男子"。自此，杨文骢逐渐引起了朝野的关注。

明崇祯元年（1628），杨师孔升浙江参政，分守温州、处州，驻苍括。次年夏天，杨师孔利用移驻苍括的机会，携文骢游览天台山、雁荡山。在父子亲情相伴的十七天中，杨文骢逐日记述了所见所闻及游踪，写成传世的文学佳作《台荡日记》。

父亲病故后，杨文骢与母亲定居南京。在此后的日子里，他游历了东南名山大川，创作了大量的山水画和优秀诗篇，结交了不少江南著名的文人画士，将自己的艺术推向了新的高度。

杨文骢绘画，善于从古人绘画中汲取营养，再加上自己独特的艺术个性及精妙的构思，在绘画上有很高的造诣。杨文骢灵气洋溢，笔带感情，所点染的山水雄奇壮观，形神兼备，令人看后无不为之叫绝。为保存此时期的艺术心血，他将创作的诗文画卷命名为《山水移》，然后带去拜访名震一时的画坛泰斗董其昌。董其昌展卷之余，不禁被杨文骢的卓异才华所倾折，兴奋之余，提笔就在画卷上题跋曰："龙友生于贵竹，独破天荒，所作台荡等图，有宋人之骨力去其结，有元人之风雅去其佻，余讶以为出入巨然、惠崇之间，观止矣。"

之后，画坛大师倪元璐、陈继儒、李日华、谭贞默、范允临复为《山水移》题跋，杨文骢随之声名鹊起，名噪大江南北，其画"虽片楮寸幅，人争宝之"。当时，杨文骢年仅三十三岁。

民国《贵州通志》对此时期的杨文骢有如下评价："龙友诗画均负异才，南游江浙，得师友而画愈精，遂为吾黔一大诗宗。"

尽管杨文骢才华横溢，博雅多能，然而在科举场上始终不得意。他多次参加会试（举人考进士），均以失败告终。崇祯八年（1635），杨文骢被选授为华亭（今上海市松江区）县学教谕。虽然是个小小的学官，但责任重大。为此，他竭尽心力，无怨无悔。他日日"与其弟子明经史，习诗文，纵览古今之故，高谈帝王之略；又以其暇日出郊牧，试骑射。文武之道，烂然备举"，

43

旨在纾国难、救危亡，为国家积极培养文武兼备的人才。之后，杨文骢历任青田、永嘉、江宁三县知县。在任期间，他始终恪守儒家"民本"思想，关心民众疾苦，为其兴利除弊，并亲赴灾区访贫问苦，排忧解难，以尽自己微薄之力。

崇祯十七年（1644）三月十九日，李自成率军攻占北京，明王朝覆亡。不久，吴三桂引清兵入关，攻占北京。五月，马士英、杨文骢等人迎福王朱由崧至南京即位，建立南明弘光王朝。从此，杨文骢的命运随之发生了巨大变化。他与好友陈子龙一样，从一个才华横溢的文人卷入政治斗争与军事斗争的旋涡中，成为一位可歌可泣的爱国志士。

马士英时任东阁大学士兼兵部尚书，权倾一时，位极人臣。马士英进用阉党余孽阮大铖，与其狼狈为奸，排斥史可法等忠直大臣，迫害复社、几社文人集团，因而备受朝野的反感和抨击。由于杨文骢与马士英是同乡，加之是马的妹夫，有些人想当然地将他划入了马的阵营，这种偏见和误解一直传扬到清初。当孔尚任在创作《桃花扇》时，就采用了传闻，将杨文骢（字龙友）塑造成一个八面玲珑、圆通世故、周旋于正邪之间的政客。

阉党与复社的斗争，可以追溯到天启年间，时明熹宗昏庸无能，魏忠贤大权在握。为达到篡夺政权的目的，魏忠贤杀害了大批反对阉党以清流自居的东林党人。崇祯即位后，魏忠贤自杀身亡，然而阉党并未消亡，继续活跃于政治舞台，并在南明弘光王朝中掌权。继起的复社、几社等文人政治团体、文学团体，以天下为己任，再次掀起了反对阉党的斗争，特别是将矛头指向马士英、阮大铖。为改变困境，阮大铖曾企图收买复社领袖侯方域（字朝宗）。在遭到拒绝后，他便伙同马士英大肆抓捕复社成员。

目睹马、阮的罪恶行径，杨文骢看在眼中，怒在心上。虽然他是马士英的亲戚，但在政治上与马貌合神离、泾渭分明，加之自己和大儿子鼎卿都是复社成员，因此他不顾马、阮的不满，千方百计地救助侯方域、陈贞慧、吴应箕等复社领袖。值得一提的是，在杨文骢的委曲调护下，复社数十名成员得以保全。

南明弘光元年（1645），杨文骢升任兵备副使，驻守镇江府金山。不久，他又升任右佥都御史，巡抚常州、镇江二府，兼督理沿海诸军事，驻扎京口，防守长江南岸，防止清兵渡江。

为了打破两军对峙的局面，清兵编大筏，置灯火，夜放之江中，做佯攻之势，以此麻痹明军。明军果然中了圈套，以为清兵偷袭，便集中炮火轰击。一时间炮声隆隆，火光冲天，大筏灰飞烟灭。正当明军沉浸在"大胜"的欢乐中时，五月九日，清兵趁着大雾潜渡大江，在无抵抗的情况下登上南岸。当明军发现时，敌军已近在眼前，惊慌失措之余，慌忙在甘露寺摆下阵势，结果被清兵铁骑冲溃。眼见京口不保，杨文骢只好率领败军退走苏州。

南京失陷后，百官尽降，阮大铖亦在其中。清兵命降官黄某赴苏州游说杨文骢，许以高官。闻知消息后，杨文骢派人将黄某袭杀，然后率军退守处州。

当时，唐王朱聿键在福州建立隆武朝廷。鉴于杨文骢是旧识,加之国家用人之际,朱聿键便任命其为兵部右侍郎、闽浙总督,督请其收复南京。

南明隆武二年(1646),战事急转直下,衢州告急,朱聿键命杨文骢迅速增援。七月兵败,杨文骢退守浦城,不幸被清兵追骑俘获。在敌人的威迫利诱下,他坚贞不屈,视死如归,与妻妾、家人共三十六人均惨遭杀害。庆幸的是,杨文骢不满周岁的幼子杨鼎勋被妾郗氏及婢女莲花带着逃出,后历经万险而返回故乡贵阳。

杨文骢是明末画坛"金陵九子"和诗坛"崇祯八大家"之一,亦是闻名当世的书法大家。人谓其"诗、书、画三绝",才华冠绝一时,是黔中继谢三秀之后博雅多能、天才卓越的才人。在绘画上,杨文骢工于山水、墨兰,擅长在画卷上寄托对祖国山河的诚挚之爱,抒发如兰的超凡逸气;其书法非常精美,洋溢美感,笔力潇洒而方正,字字有渊源,从中可以寻觅出钟繇、王羲之、颜真卿、米芾等人的笔墨韵味;其诗豪放俊逸,犹如其人。如《醉后画兰》一诗中所云:"十指都将酒气通,吐成醉墨卧春风。枝枝潦倒闲窗下,不向繁华乱鞠躬。"兰花这种"不向繁华乱鞠躬"的高风亮节,正是杨文骢人格魅力之所在。

杨文骢传世的作品仅有诗集《洵美堂集》与画册《山水移》。这两部海内孤本是民国年间相继在上海和北平发现的,后经贵州大佬陈夔龙购得。为使之传世,陈又花巨资刊印,这才使杨文骢的艺术才华与"奇气幽光"传诸后世。

杨文骢生于乱世,历经艰险。在明王朝危急存亡之秋,他以疲惫之师抗衡强悍的清兵，最终以身殉职。这种"明知不可为而为之"的大无畏精神，值得后人学习。清末民初贵州才人杨恩元对杨文骢十分钦仰，曾有如是评价："明社既倾，士大夫多遁迹不出，而文骢独须臾不忘故国，流离颠沛，抗拒清兵，至阖家膏斧锧而不悔，可谓人杰也！"

清廉刚直的潘氏家风

明清之际，贵州文教大兴，一些文化世家应运而起，成为贵州汉文化的主力军。自明代万历至清代道光的二百余年间，贵阳的潘氏家族，以文学世其家，风雅相续不衰，八世出了十七位诗人，有明清之际著名的文人家集《潘氏八世诗集》存世。本文选取潘氏家族中的代表人物潘维岳、潘润民，为之树碑立传，书写春秋。

贵阳城北曹官寨原名曹官堡，系明洪武四年（1371）所置之贵州前卫右千户所"四百户"戍守地，以首任百户长曹氏得名。据道光《贵阳府志》载："曹官堡，在（贵阳）城西北三十三里……居民八十余户，市鸡场。有老虎山；有大山洞水，马家寺人瓮以灌田。"

明朝初年，武陵（今湖南常德）人潘兴应"内地实边法"徙黔，落籍贵州前卫之曹官堡，为潘氏入黔始祖。据康熙《贵州通志》所载：嘉靖丁酉（1537），潘氏自潘维岳（字伯瞻）中举后，孙润民、济民，曾孙驯、骧，玄孙德征相继登科甲。

潘维岳，明嘉靖十六年（1537）丁酉科举人。进入仕途后，"授永平县令，迁沾益州牧。三十五年转昆阳州牧。性廉直，政治有声，所至皆实惠及民。凡修废举坠，苟有益间阎者，虽倾家不计也。卒之日，家无余赀，至鬻产以葬"。潘维岳高尚的人格与清廉的官风，为子孙做出了表率，成为家族永不磨灭的精神财富。

潘维岳之子潘思聪，仁厚宅心，正派刚直。在云南武定府任司狱（掌管刑狱的小官）时，曾违逆上官旨意，救助被仇家诬陷的县民乐应举。这种敬畏生命、威武不屈的循吏本色，凸显了潘氏清廉刚直的家风。

潘润民，字用霖，别号朗陵，思聪之子。自幼庄重，不与群儿嬉戏，七岁就学，十三通制举义，十四能为诗古文词，十六补郡诸生（秀才）。由于才华出众，嶔崎磊落，潘润民成为贵阳士林赞誉的青年才俊。贵州巡抚郭子章识才爱才，对潘润民的学养十分赏识，爱护有加。

明万历三十一年癸卯（1603）乡试，潘润民中解元，四年后再试文场，荣膺进士，入翰林院，选庶吉士。步入仕途后，潘润民秉承先人遗德，慨然以气节自持，尝曰："士人行己，须于服官之始，脚跟立定，一或失足，即后来建树终难补。"由于其清正刚直，不为同僚所喜，散馆后授礼部主事。在礼部的六年间，潘润民多所改革建树。

万历四十三年（1615），潘润民出任广东督粮道副使。在任上，他惩治贪官污吏，打击猾胥豪右，探查粮赋情弊，关心民间疾苦，有"润民不润己"之美誉。其勤于治政、清廉卓著的官风远播朝廷，为此升任四川参政。

四川建昌，是夷民聚居之地。对中央王朝而言，是一个"王化未及"的地区。为防范土官的叛乱和夷民的反抗，明王朝穷于应付，极为头痛。潘润民上任后，加强维稳措施，"严简练，裕储侍，核虚冒，谨烽堠（报警、防卫土堡），信赏罚，军纪一新，诸夷闻风啄息，边境以安"。

明天启元年（1621）秋，潘润民倦于仕途，乞假告归。时值"奢安之乱"爆发，战火遍及西南。身处叛军、官军攻防的关键之地的省城贵阳，潘润民"首输饷（官军兵饷）千金为诸绅倡"。当安邦彦率十万大军围困贵阳时，潘润民知情势危急，为表誓死捍卫贵阳的决心，派人堆积炸药、干草于城楼下，对守城兵民慷慨地说道："吾虽非守土，世受国恩，旦夕城陷，有自焚耳，不可辱贼刃也。"其后，他一面与上任途中回乡省亲的云南提学佥事杨师孔、学官周良翰，以及诸生、兵民坚守危城，生死与共；一面为贵州巡抚李枟、巡按御史史永安出谋划策，屡挫攻城叛军。其所作所为，激励了兵民的斗志，人谓其"贞诚慨烈之气，尤足以廉顽立懦"。

贵阳被围三百余日，险象环生，几至毁灭。当时，城外敌垒重重，城内粮食几乎耗尽。为了活命，人们将目光投向鼠雀，鼠雀吃完了就杀人卖肉。面对城中惨状，潘润民在《围中次史磐石（永安）侍御韵四首》其一中这么写道：

雉堞荒凉形影孤，凄风冷露剥征襦。
四郊密垒腥膻恶，十月重围鼠雀无。
敌忾有心才已尽，叫阍何路泪将枯。
牂牁亦是西南郡，应遣貔貅破豕狐。

安邦彦的围城不仅没有摧毁贵阳军民的意志，反而激发了他们与城共存亡的决心。在巡抚李枟的领导下，守城军民浴血奋战，与死相搏，击溃了水西军的一次次进攻。围解后，官府将潘润民守城之功上报朝廷，有"忠心可格日天，真品独高月旦""忠忱自许，意气特抒"之语。

天启四年（1624），潘润民受诏起用，任河南参政，分守河南道。到洛阳时，看见官府为其陈设的帏帐十分华丽，不禁慨然长叹："一官如此，民何以堪！"随即令人撤去。就任不久，又调任广东督粮副使。下车伊始，便探查粮赋情弊，写成《赋役全书》，并以之作为定制，使百姓免遭官府胥吏的敲诈。之后，潘润民升任广东按察使。在任上，他把打击贪官污吏作为要务。在其严厉政风的威慑下，贪赃枉法之徒不敢火中取栗，或收手观望，或望风解绶（辞官）去。

在广东任职不久，潘润民调任云南左布政使兼曲靖兵备道。时值水西之役，贵州巡抚王三善在大方因缺粮退兵中敌埋伏而死，朝廷令川、黔、滇三省出兵围剿，云贵总督派潘润民监军。他严格行军纪律，为上峰所不喜。在克复乌撒城（今威宁县城）一役中，因上峰掣肘，潘润民对军队没有约束权，无奈之余，辞职而去。

明崇祯十二年（1639），潘润民恢复原职。在滇期间，一如既往，以亲民、惠民为职志。当时云南不产金而贡金，熔铸钱币的税息太重，百姓不堪重负，怨声载道。有感于斯，潘润民为民请命，遭到上官否决后他深感失望。由于不能行其志，他郁郁寡欢，"无日不仰屋太息，至废寝食，请告弗许"。两年后，这位清官逝于任所，时年六十九岁。

贵州巡抚何世瑢在《潘朗陵先生传》中对潘润民有如下评价：

先生忠孝，出于天性。临大事，不少震惊，胆略过人。与人交，至诚无伪，颦笑不苟。莅政简而不扰，廉而不刿。食不重味，衣不御帛，不规膏腴，不营台榭，唯以赡族活贫为务。围城中，惠泽尤多。孜孜好学，老而不倦，著作盈箧，围城誓死，悉出焚之。今仅存《味淡轩》今体诗九十四首，皆得兵燹解围之余，而字里行间无不可想见其忠君忧世之思。

身处乱世的潘氏子孙

潘驯,字士雅,号韵人,潘润民长子。潘驯自幼聪颖过人,年十六作《回文诗》三十首,工丽自然,为当时名宿所知,一时间擅名南北两京,颇受时流推许。

回文诗是一种构思巧妙的文字游戏,十分讲究技巧,无论正读反读,皆文从意顺,气贯脉通,因此不易写好。时贵州著名诗人越其杰对潘驯的《回文诗》评价甚高,并为之作序,在序言中有如是之语:"余友潘君士雅,年甫成童即饶此技,多而且速,繁音迭奏,异彩纷披,揩造化于毫端,走烟云于纸上,慧性灵通,真再来人未可以雕虫小技目之也。"

现选取潘驯的一首《十五咸》回文诗,让大家品味一下其中的玄妙。

诗云：

> 湾前绿水一归帆，目极朝云接翠岩。
> 山远带烟回嶂合，树芳堆锦簇花嵌。
> 闲窗倚石欹寒枕，曲槛飞岚浸薄衫。
> 颜改几年频恨别，还期梦后寄书缄。

如果将这首诗倒过来读，另是一番情趣：

> 缄书寄后梦期还，别恨频年几改颜。
> 衫薄浸岚飞槛曲，枕寒欹石倚窗闲。
> 嵌花簇锦堆芳树，合嶂回烟带远山。
> 岩翠接云朝极目，帆归一水绿前湾。

明崇祯十二年（1639），潘驯乡试中举。主考官陈际泰奇其文，四处称赞其才德，致使潘驯声名大噪。次年春，潘驯北上京都应试，至湖南时因道路受阻而返回贵阳。不久得知昔日同窗好友杨大宾自刎身亡的消息，潘驯顿时心如刀绞，哀痛难忍。杨大宾的家人告诉潘驯：杨大宾代理德清知县时，恰逢是年浙江大旱，租税无征，朝廷鉴于清兵屡屡犯界、国内动乱频繁的严峻形势，以及准备打仗和缓解国库空虚的危机，便不顾人民死活增加赋税。为了保住乌纱帽，浙江巡抚不敢上报地方的灾情，反而加紧催逼租赋，致使百姓卖妻鬻女，四处逃亡。杨大宾深受"民本"思想熏陶，悲百姓的悲惨境遇，愤朝廷之草菅人命，哀自己位卑官微，于是以自刎抗争，"幸未殊绝，寻卒"。潘驯敬好友节义，痛其英年早逝，于是在贵阳东山杨大宾儿时读书处，题写"君山读书处"，以示纪念。

潘驯与马士英、杨文骢是同窗好友。南明弘光年间，马士英因拥立福王有功，官拜东阁大学士兼兵部尚书，成为权倾一时的大人物。为了巩固权势，培植羽翼，马士英一度想起用潘驯，于是致书于他，促其赶赴南京，听候任命。尽管过去与马士英情谊深厚，但潘驯爱憎分明，知道昔日的友伴现在与阉党余孽阮大铖狼狈为奸，沆瀣一气，不仅专权昏聩，陷害忠良，而且祸国殃民，被士林所不齿。为表明自己的立场与好恶，"以示异志"，对马士英的来信弃之不复。

弘光、隆武王朝相继灭亡后，朱由榔偏安西南，建立了永历王朝，一度受大西军孙可望挟持。孙可望僭号秦王，骄横跋扈，先后矫诏任命潘驯为贵州石屏知州、遵义知县，他均以母亲年老而谢绝。由于担心孙可望报复，潘驯逃往山中。不久，潘驯的胞弟潘骧，朝考优等而被永历王朝授予罗次知县。潘驯见弟有辞官归隐的打算，便劝道："子出保境，以匡国难，兼得升斗禄以养母；我处侍母，夫道一而已。"潘骧这才决意就官。

潘驯隐居山中十余年，饮酒赋诗，辄以陶潜自况。永历王朝灭亡后，潘驯以旧资历被清王朝任命为云南蒙自知县。在任上，潘驯维护边境安宁，加强与安南人民的友好往来，促进县内民族和睦团结,有惠政,百姓名之为"老佛"。

蒙自社会稳定、民族和谐的局面最终在吴三桂酝酿反清的阴谋下破灭。时值吴三桂"开藩云南也,擅兵权,恣肆自如",纵容所部官兵凌虐土官,激起少数民族叛乱。蒙自土官李日森与其子李世藩、李世屏公开反清,晋宁州土酋禄昌贤亦叛,攻临安,围蒙自。为报复绿营兵之宿怨,城陷后李世藩大肆杀戮,唯独不加害潘驯,以报他"绥抚遗黎、特多善政也"。潘驯被俘后,因失土将自尽,但李世藩派人轮流把守,使其没有机会。官军复城后,潘驯被议处,"上官以贼不加害,由驯惠政所致"而多方为其解脱,最终遇赦归里。潘驯离开蒙自之日,士民遮道送之。

清康熙十二年(1673),贵州巡抚曹申吉奉旨纂修通志。鉴于贵州自万历以来,通志虽经重修,但由于崇祯末年战乱,校辑不周,缺略颇多,为此延聘潘驯,黔中硕儒吴中蕃、朱文,以及青年才俊周起渭、刘子章等人纂修。潘驯以"家世文学,又博通黔中掌故,举六十年事实补其散佚",数月成书三十余卷。人称其"博洽敏捷"。

康熙二十年(1681),潘驯与世长辞,享年七十二岁。

潘驯一生注重名节,才华出众,时流誉为"奇才",著有《回文诗》《瘦竹亭诗集》《出岫草》《瘦竹亭文集》。其诗歌清远恬淡,闲适旷达,有陶潜之风。其《雨止》一诗,可从中寻觅到与陶诗风格相同之处。诗云:

秋雨愁难霁,新晴亦偶然。万山青楚塞,一鹭白江天。

世事浮云外，乡心落照边。片帆轻似叶，计日到花源。

潘骧，字子襄，号淡远。明末贡生，与兄潘驯皆有文名。清顺治十一年（1654）春，潘骧赴南笼所（今安龙县）拜谒南明永历帝朱由榔，以朝考一等授云南罗次知县。两年后，潘骧升任四川崇庆知州，以廉惠闻于时。

清顺治十五年（1658），清兵分兵三路直取贵州。川贵平定后，潘骧遁回原籍，守义不仕。康熙元年（1662），兄潘驯出仕云南，潘骧留乡侍养老母。临行前，潘驯赠弟诗曰："知尔因亲屈，怜予送弟行。"之后，又赠以诗，有"虽然殊出处，面目本来真"之语。

潘骧著有《淡远亭诗集》，今不存。传世的部分诗作保存在《潘氏八世诗集》中。另外《黔诗纪略》录有其诗二十五首。

潘骧的诗歌，内容大多为写景、咏物、怀人，这与其遗民心态有关。其常以远近、虚实的手法，将凄苦的心绪给眼前景物染上凄寒的色调，予读者愁绪。《夜泊怀人》一诗，采用远近、虚实的反衬手法，与"怀人"的主旨相融合，融情于景，耐人寻味。诗云：

兰舟维断岸，枫叶暗前溪。犬吠孤村静，禽喧老树迷。
身随湘水远，梦到草堂西。应有怀人者，开门自杖藜。

潘驯之子潘德征，字道子，"幼好学，家世能文，慨然有步武先人之意"。康熙八年（1669），潘德征乡试中举。时吴三桂开藩云南，自恃无人敢与争锋，便加紧罗致人才，培植羽翼，准备伺机而起，问鼎天下。"德征知其有异志，绝迹不往"。

康熙十二年（1673）十二月，吴三桂举兵反清，自号周王天下都诏讨兵马大元帅，致书平南、靖南二藩及贵州、四川、湖南、湖北、陕西诸将吏及相识者，并胁迫云贵士人参加叛乱。传檄所至，反者四起，一场声势浩大的反清运动在西南地区勃然兴起，贵州提督李本深及贵州巡抚曹申吉亦附和参与。潘德征极不愿意卷入这场反叛的闹剧中，为了使自己的名节不受到玷污，于是逃之山野，混迹于田夫渔父之间。此时期的《早发》诗，最能代表他的心境。诗云：

万峰藏冷月，匹马度荒城。偶忆家园梦，难禁客邸情。
鸦翻残影出，风突乱烟生。自笑何为者，劳劳又远征。

康熙十七年（1678）八月，吴三桂在湖南衡州病死。三年后，清军先后平定云南、贵州、四川、湖广诸省。见大势已去，吴三桂孙吴世璠自杀，这场反清叛乱终于落下了帷幕。

"三藩之乱"平定后，潘德征重返家园，不久被授予黄平学正。由于其学识渊博，教士有方，深受学子爱戴，上官升任其为云南罗次知县。

到昆明后，潘德征又被改任武定推官。在任期间，他善决狱，凡属府中的疑难案件，上峰无不托付他办理。办案时，潘德征善于思考，注重调查研究，务求公正公平，深受百姓赞誉。由于勤于职守，表现出色，他一度代理武定知府。

潘德征注重自己的情操人格，深知"盛名多累，隐逸多适"的含义。他与陶渊明一样，憧憬悠闲自在的生活，始终难于融入令人窒息的官场。由于不喜仕进，最终辞官归里，定居曹家堡。乡居期间，家乡的山山水水、一草一木令潘德征如痴如醉，远离官场的争斗使他乐不思蜀。他"日以著书课子为乐，足迹不履城市"竟达二十余年。康熙中期，贵州再修通志，巡抚卫既齐、阎兴邦曾派人"礼召之，卒不就。四方士大夫至贵阳者闻德征名，罔不就见之"。

潘德征隐居不仕的心境，《夕阳》一诗有所反映。潘德征一生历经离乱，虽然晚年社会日趋安定，然而韶华已逝、老景复濒，对仕途早已厌倦，诗中"归林鸟独迟"之句，是对其身世命运之哀叹，亦是其心境的真实写照。诗云：

万壑生烟后，寒空返照时。岚光纷历乱，秋色共参差。
寻寺孤僧远，归林鸟独迟。凭高吟望久，处处画中诗。

潘德征与父亲一样，诗学陶潜，身世、情趣亦与陶潜相近。人谓其诗："气味之清远，风格之高澹，有如朱子所云：'陶渊明不待安排，胸中自然流露。'"所著有《玉树亭诗集》《贫居集》。

康熙五十二年（1713），潘德征病逝，享年七十三岁。

忠烈盖世的何腾蛟

> 天乎人事苦难留,眉锁湘江水不流。
> 炼石有心嗟一木,凌云无计慰三洲。
> 河山赤地风悲角,社稷怀人雨溢秋。
> 尽瘁未能时已誓,年年鹃血染宗周。
> ——何腾蛟

清顺治六年(1649)正月,明武英殿大学士兼兵部尚书何腾蛟在湖南湘潭被清军所擒。面对敌人的威胁利诱,痛感明王朝即将覆亡,他不禁四顾茫然,悲感交集。在绝食七日后,这位捍卫南明王朝西南半壁江山的抗清名将惨遭杀害。临刑前,何腾蛟写下了这首千古流芳的绝命诗，以示其殒身不恤的报国情怀。

何腾蛟，字云从，明万历二十年（1592）诞生于贵州黎平县德凤镇一仕宦之家。据查继佐《何腾蛟传》所载：何腾蛟祖籍浙江山阴，其先人明初随军入黔，戍贵州黎平府。其祖父何志清，明嘉靖年间的明经（出身与进士等），任过四川开县（今重庆市开州区）主簿。父亲何东凤，亦以明经在云南新兴州（今玉溪市）任过职，告老还乡后以教书为业。

何东凤教子甚严，"一日问书不解，举砚击其（何腾蛟）首，责之曰：'子不受教，打死无悔！'"在父亲严厉的教导下，何腾蛟发愤苦读，志在功名。

明天启元年（1621），何腾蛟乡试中举。时值天下大乱，关外女真族崛起，屡屡进犯边关，几次进关抢掠；关内农民起义风起云涌，严重危及明王朝的统治。正在明王朝生死系于一线之时，何腾蛟进入仕途。

明崇祯九年（1636），何腾蛟出任南阳县令，此时恰逢起义军扫荡黄河、淮河地区，所到之处，人心惶惶，四境萧然。不久，起义军攻占登丰，与另一支队伍会合。明总兵汤九洲孤军深入，被其所败，起义军乘势进围南阳。

面对强大的敌人，何腾蛟成竹在胸，修城池，缮甲兵，设守具，练乡勇二十四营，严阵以待来犯之敌，多次挫败义军的进攻，声名由此大振。何腾蛟以镇压农民起义军而立功，有其历史的局限性。之后，何腾蛟在安皋、徐州屡败义军，任淮徐兵备佥事，其事功得到巡抚史可法的欣赏与器重。

崇祯十六年（1643）冬，何腾蛟任右佥都御使，巡抚湖广。次年三月十九日，李自成攻入北京，明朝灭亡。四月三十日，李自成败于山海关，弃北京西撤。驻守武昌的宁南伯左良玉乘机收复德安、随州等地。

左良玉是一位骄横跋扈、不可一世的武将。然而鉴于国家处于危急存亡之秋，何腾蛟抛弃成见，与其同心固守，志在复明。五月，福王朱由崧在凤阳总督马士英等人的拥戴下，在南京建立南明弘光政权。诏书送至武昌，左良玉尚存犹豫，不肯接诏。何腾蛟见此，手持宝剑厉声喝道："社稷安危系此一举，倘不奉诏，吾以死殉之！"左良玉的心腹见势不妙，亦劝其拜诏，这事才得以圆满解决。

之后，何腾蛟密奏福王，建议朝廷派员在湖南练兵二万，以积蓄力量。这样一可"北以自强"，对付南下的清兵；一可"隐压左傲"，暗中压压左良玉的傲气。这个建议得到首辅马士英的赞同。马士英与何腾蛟是贵州同乡，认为这不仅有助于抗击清兵，而且有利于家乡的安全，于是大力支持。在马士英的斡旋下，朱由崧任命何腾蛟为兵部侍郎，总督四川、广西、湖广、贵州、云南。

这时弘光王朝暗潮汹涌，危机四伏。朱由崧自称帝改元以来，完全不以恢复明室为要务。君臣不理政事，沉溺歌舞；奸佞结党营私，大肆围剿东林、复社。因不满马士英擅权，左良玉拥兵自重，以"清君侧"之名，邀何腾蛟一同率兵东下。何腾蛟对左良玉的行动极不赞成，认为其所谓的"清君侧"，实际是不顾大局，争权夺利。深思之余，他决定劝说左良玉以国家为重，勿干那些"亲者痛、仇者快"的蠢事。由于了解左良玉暴戾凶险，自己的生命毫无保障，为防患未然，他将印绶交给家人善为保存，然后只身前往劝说。

左良玉毫不理会何腾蛟的劝说，更没有意识到自己的行为将导致清兵南下，明室灭亡。他命令部将将何腾蛟强持上船，严密把守。船至汉阳门时，何腾蛟趁押守人员不备，飞身投入江中，漂至十余里外被渔船救起，随后逃往长沙，与旧部会合。

顺治二年（1645），清兵攻占南京，短命的弘光王朝覆亡。四月，左良玉、李自成相继败亡；七月，唐王朱聿键在福州建立南明隆武政权。山河破碎，人心丧尽，民众对朱家近三百年的黑暗统治早已深恶痛绝，对隆武政权亦不存多大指望。作为一名大臣，何腾蛟见此状况痛惜万分。他认为时局虽然险恶，但大局未定。要改变颓势，唯一的办法是挽回人心，团结各地的反清力量，再以此一搏，恢复明室。为了表达自己的观点，他在出师文告中这么写道："兵家五字：战、守、死、走、降。今日战守不成，走降非策，则惟一死。"何腾蛟认为此时并非到了非死不可的地步，而以大义来激励那些有血性的明军将士才是当务之急。于是，他说道："（敢）死（之）士一万，横行天下，苦寒此七尺（之身）耳"，"今与诸君约，从腾蛟言，福贵可久，妻子可保，报仇为忠臣，全体为孝子；不从腾蛟言，福贵朝露，妻子俘虏，为叛臣，为贼子，惟所取"。他表示自己手下尚有三万"死士"，愿为反清复明做前驱。

朱聿键昔日在南阳时，钦慕何腾蛟的贤德，知其乃忠义之士，能为恢复大明江山输血尽诚，加之何腾蛟深孚众望，是抵御清军的重要力量，于是令其统率军务。当时，李自成在湖北通山九宫山遇害，群军无主，其部将刘体仁、郝摇旗商议后，决定归顺何腾蛟。何腾蛟得知消息后，抛弃了"汉贼不两立"的观念，果断地派部将二人前去招安。

十余万起义军的投诚，令何腾蛟声威大震。不久，李自成部将李锦、高必正率数十万大军进逼常德。何腾蛟又派员招抚之，置之荆州。说起李锦和高必正，均非等闲之辈。李锦系李自成的侄子，有"一只虎"之称；高必正则是李自成妻子高夫人的弟弟。高夫人素有贤名，担心李锦投诚后旧态复盟，于是告诫他："汝愿为无赖贼，抑愿为大将军邪？"李锦听后感到茫然，不知所指。高夫人接着说道："为贼无论。既以身许国，当爱民，主将节制，有死无二，吾所愿也。"

何腾蛟素知高夫人贤德识大体，一日过其营，前去拜望高氏，对其执礼甚恭。高氏非常高兴，特告诫李锦等人毋忘何公恩德。自此，李锦再无谋反之心。得到两支义军的加入，何腾蛟所领导的南方反清力量日益壮大，一度攻克湘阴、腾溪等地。何腾蛟开镇湖南、湖北，时名"十三镇"。

何腾蛟安抚有功，朱聿键为巩固西南地区，特大加奖赏，封其为定兴伯，以兵部尚书兼东阁大学士督师。而何腾蛟领导的"十三镇"徒有虚名，掌握实权的大多是降将，是一伙毫不关心朝廷命运的武夫暴徒。他们"骄且贪残"，常"劫人而剥其皮""杀人无虚日"。何腾蛟痛感：要靠这群虐民害民的乌合之众，去抵御训练有素的清军，无异于以卵击石，自取灭亡。

顺治三年（1646）五月，清兵攻克汀州（今长汀县），朱聿键被擒，赣州相继失守，隆武政权覆亡。噩耗传来，何腾蛟悲痛之余，"厉兵保境如平时"。十月，桂王朱由榔在肇庆建立永历政权，下旨晋升何腾蛟为武英殿大学士，加太子太保衔。

古人云："大厦将倾，独木难支。"尽管何腾蛟竭诚尽忠，苦撑危局，但要挽救一个早已分崩离析、气数已尽的明王朝几乎已是不可能了。是年冬，原益阳郡守王进才闻清兵逼近，退守长沙。

顺治四年（1647）春，王进才借口缺乏军饷，大肆劫掠长沙及湘阴商民。时逢清兵前锋已到了长沙，王进才逃往湖北，何腾蛟见大势已去，单骑走衡阳。逃到衡阳后，何腾蛟的部属张先璧作乱，大肆劫掠，还挟持他逃往祁阳、辰州。何腾蛟脱险后，走永州。刚到永州，又逢部将卢鼎所属部队劫掠，何腾蛟与侍郎严起恒只好奔赴白牙市。

不久，清军攻克贵州黎平，扣押何家四十余口，何腾蛟继母孙氏与妻徐氏均被絷。清廷以何氏家人为人质，押往汉阳，然后致书何腾蛟，胁迫其投降。其书云："公幼习儒业，岂不闻子舆氏云'顺天者昌，逆天者亡'乎？若顺天命而归真主，富贵共之，否则亲尸被掘，妻辱子戮，虽悔何及？"

何腾蛟不为所迫，在回信中这么写道："为天下者不顾其家，为名节者不顾其身……夫为忠臣，妇为节妇，死亦何恨！族属无干妇女，既入网罗，便是劫数。"表达其为了国家不惜毁家殒身的高尚情怀。

清廷无计可施，将何腾蛟家人全部杀害。

顺治五年（1648）二月，战局直转而下，清军势如破竹，明军望风披靡，朱由榔仓皇逃奔桂林、南宁。何腾蛟退守柳州，收败卒意欲再起。之后，何腾蛟一度回师桂林，击退清兵，攻占兴安、全州，进而攻克永州、衡州。抗清声势稍有起色，内部纷争又起，何腾蛟见此忧心如焚，率部属三十人赴长沙、衡州调解矛盾。当其来到湘潭时，发现已是空城，部将马进忠、李锦弃城而走，不知所终。痛心之余，何腾蛟慨然长叹曰："五年督师，心血呕尽，而所成竟如是，天也！"这时，何腾蛟万万没有想到，其旧部徐勇已降清。徐勇奉清军之命率部进入湘潭，胁迫何腾蛟投降。面对徐勇的劝降攻势，何腾蛟不为所动，严词拒绝。

得知何腾蛟被擒的消息后，清廷立即派乌金王前往湘潭劝降。乌金王告诉何腾蛟："若肯承合天意，知命来归，当不让洪承畴之一席也。"面对清廷许诺的高官厚禄，何腾蛟嗤之以鼻，不屑一顾，他大义凛然地回答："王何患无降官、降将哉？果以我为血性男子，何惜一剑？"为了表明自己不仕二朝的决心，何腾蛟绝食示志。绝食七日后，于顺治六年（1649）正月被害于湘潭大埠桥头，时年五十七岁。

朱由榔闻变，"命三军缟素，望祭恸哭。三军皆哭，声闻数十里"。其后，永历王朝赠何腾蛟为"中湘王"，谥"文烈"。

何腾蛟是黔中山水孕育的一代伟人，亦是与史可法、瞿式耜齐名的明末抗清英雄。作为一位深受儒家思想熏陶的士人,他继承了晋代祖逖,蜀汉诸葛亮,宋朝岳飞、文天祥的爱国主义传统,面对内忧外患,逆风而起,勇于担负起救亡的重任,明知不可为而为之,虽殒身而不恤。他的高尚情怀令人钦仰,他的英雄事迹永载史册,彪炳千秋!

志在复明的郑逢元

明代末年,天下大乱,关外的女真族大肆入侵,国内的农民起义风起云涌。在明王朝生死存亡之际,贵州士人郑逢元(字天虞)逆风而起,勇于担负起救亡的重任。他横戈立马,志在复明,以羸弱疲惫之旅,对抗敌人强悍之师,虽历百千挫折而不气馁,被人誉为"东南保障"。明灭亡后,郑逢元遁入空门,发誓不为清廷驱驰效命,表现了中国封建士人不事二主的风骨与节操。

明永乐初年,山东东昌人郑忠随军入黔,以军功授平溪卫(今玉屏自治县)指挥,世袭其职。郑逢元是郑忠第九代孙,生于明万历二十八年(1600)。他自幼颖异,至孝性成,颇受父母喜爱。随着年岁的增长，学养的不断完善，郑逢元慨然有经国济世之志。

天启年间，南京右佥都御史熊明遇因接近东林党，受魏忠贤迫害，谪戍平溪。熊明遇有知人鉴，对青年才俊郑逢元十分欣赏，并授其诗文之法，以国器相期许。

明崇祯六年（1633），郑逢元乡试中举，次年会试不第，授贵州婺川儒学教谕。四年后，明王朝内忧外患，亟须用人，破格升任郑逢元为湖广衡州（今衡阳市）府同知，后又升任知府。

正当郑逢元对未来充满希望、欲展其抱负时，明王朝的丧钟已经敲响。崇祯十七年（1644），明王朝历经了大顺军攻占北京、崇祯帝自缢煤山、吴三桂引清兵入关、李自成逃出北京、福王朱由崧建立南明弘光王朝、清兵大举南侵等重大事件。

俗话说：国家多难之际，正是英雄豪俊展露才华之时。在衡州知府任上，恰逢衡州、永顺两府土贼纷起，为保一方社会安宁，郑逢元训练乡勇，整顿治安，扼守要道，设伏诱敌，很快就将动乱平息。楚督师何腾蛟与偏沅巡抚李乾德一同向朝廷荐举郑逢元，盛赞其保卫衡州的功绩，郑逢元于是得以升任监军副使。

为了报答何腾蛟的知遇之恩，把楚地建成反清复明的基地，郑逢元恪尽职守，与周围郡县同心协力，整军修武，并对流亡至楚的大顺军或剿或抚，地方秩序得以恢复。郑逢元的作为，为弘光王朝赢得了喘息的机会，因此被人誉为"东南保障"。

时值川省战事激烈，大司马王应熊无法对付张献忠的大西军，多次恳请郑逢元入川协助。何腾蛟十分看重郑逢元的才干，并不希望他离开楚地,于是在军政书上批曰:"楚才而蜀用之,恐为识者鄙。"为留住郑逢元,何腾蛟与李乾德再次向朝廷荐举郑逢元的才干,最终使朝廷改变初衷,升任其为滇、黔、楚、蜀、粤监军道,参与政事。

沉溺酒色、醉生梦死的弘光政权维持不到两年就寿终正寝。清顺治三年(1646),唐王朱聿键在福州建立隆武王朝,企图集结反清力量来对付清兵南下。正在这时,突然传来弘光帝朱由崧在贵州东部招兵买马、其麾下聚集数万兵马的消息。对此谣传,郑逢元觉得荒唐可笑,他明白:这是奸人作祟,企图以弘光帝的身份来达到不可告人的政治目的。因为清军攻占南京后,朱由崧逃往芜湖,被刘良佐出卖,已在南京遇害。

不久,这位"弘光帝"遣使致书,加郑逢元御史一职,并总督滇、黔、楚、粤军务,赐尚方宝剑。郑逢元感到荒谬至极,于是斩使焚书。在通告云贵总督及两省巡抚的同时,亲率军队,以迅雷不及掩耳之势,直捣"伪帝"在贵州的巢穴,一举将其擒获。之后得知伪帝原来是一僧人,名查显仁,并了解到贵州提督李若星(字紫垣,息县人)助纣为虐,是积极参与者,当然这件事与隆武王朝也有些瓜葛。郑逢元感慨万千,没想到在这国家多事之秋,竟然出现了如此荒谬绝伦的事!有感于斯,他写下了《痛哭》一诗。诗中哀悼两京(北京、南京)的陷落与二宗(崇祯与弘光二帝)的殉难,痛斥李息县(李若星)和黠髡(查显仁)狼狈为奸,乱国乱政。诗曰:

痛哭三年里，仓皇覆两京。二宗殉社稷，万里荐戈兵。
王气归闽海，中兴事北征。胡为李息县，浪被黠髡倾。

隆武政权亦是个短命政权，维持一年后就覆亡了。接着，桂王朱由榔继起，在肇庆建立永历王朝。当时，抗清名将瞿式耜、何腾蛟在湖、广、川、黔、滇等地聚集力量，并联合农民起义军余部，支撑危局。永历帝召郑逢元为羽林军监督。自此，郑逢元仕途顺利，总督滇、黔、楚、粤四省军务，不久又以"保黔第一功"而加封尚书、左都御史，成为永历政权的决策人物。

瞿式耜、何腾蛟先后败亡，永历政权于顺治七年（1650）退守贵州南笼所（今安龙县）。永历政权无实力可言，只好与张献忠旧部孙可望、李定国合作。孙可望野心勃勃，凭借自己手中掌握的大西军，成为永历王朝实际的主人。他挟持永历帝，"威屈大臣，任意生杀予夺，实怀篡位之志"。

孙可望的所作所为令郑逢元十分忧心。为大局着想，他作《王命论》婉言相劝孙可望。孙可望权欲熏心，听而不闻。郑逢元怅惘失望，预感国事若斯，前途茫茫。恰逢此时父亲病故，便辞官返里。之后，孙可望几次强令郑逢元出仕，均被婉言谢绝。从此，郑逢元隐居乡间，杜门不出，寄情诗文，达八年之久。在此期间，郑逢元所作的《茂龙塘即事六首》其中之一首诗，正好是其隐逸生活和闲适思想之写照。诗曰：

老病贪眠日起迟，蹉跎诗酒寄幽思。

> 闲挑野菜营晨爨，频插山花傍短篱。
> 耕欲熟时常问仆，文于佳处每呼儿。
> 从容夜眺秋江上，一片微风漾绿漪。

永历王朝的内部争斗愈演愈烈，孙可望竟然丧心病狂，杀死了拥护李定国的十八朝臣。接着，李定国护送永历帝退避云南。这时朱由榔又想起了郑逢元，便召其至昆明，谈及"妖僧僭伪，元能斩使焚书，且抗节八年，不屈于可望，始终一心，臣节不愧"之事，并对其忠心耿耿予以高度评价。随后，朱由榔授予郑逢元礼部尚书之职，仍兼兵部尚书，参与机密政事。

郑逢元对明室的忠贞不渝，亦得到李定国的敬重。之后，孙可望与李定国进行决战，战败后孙可望投降了清廷，随之引清军攻占贵州。随着吴三桂率领大军进入云南、永历帝逃往缅甸，郑逢元的感慨愈加强烈。想到国事如斯，三百年王气竟然这么消失殆尽；想到自己有心报国却无力回天，郑逢元不禁黯然神伤，万念俱灰！

永历帝被害后，为表对明室的忠诚，郑逢元遁迹空门，以法名"天问"在宝台山出家。后来，身为清廷重臣的洪承畴，闻知郑逢元在宝台山出家的消息后，便以佐"维新"之名，屡次强命其出山。郑逢元对此不屑一顾，以"明朝故臣，义不可出"而予以拒绝。为了躲避洪承畴的纠缠，郑逢元离开宝台山，身着袈裟返回故乡，孝事老母。

在外做官多年，郑逢元无时无刻不思念故乡的山山水水，怀念故乡的亲人。回乡后,看到家乡文教不兴,地方文献无人整理,于是潜心修纂《平溪卫志》。清康熙十二年(1673),该志书刻版问世,这是玉屏自治县的第一本历史文献。

康熙十五年(1676),这位为南明政权输尽血诚的名臣辞世,享年七十六岁,其遗作有《谷口集》十二卷。

以身许国的解立敬

明代后期，阶级矛盾、民族矛盾空前激烈。为了挽救摇摇欲坠的政权，统治者加紧对人民横征暴敛，从而激起了人民的反抗；与此同时，女真人、倭寇不断地入侵与骚扰边境，令明王朝左支右绌，防不胜防。面对江河日下、日暮途穷的明王朝，那些忧国之臣、忠义之士无不痛心疾首，扼腕叹息。贵州士人解立敬，身处国运颓微之时，以"当今之世，如欲治国平天下，舍我其谁"的责任感，勇于担负起救亡的重任。他斗宦逆，保城池，励民风，平边患，在满地烽烟的险境中，为明王朝驱驰效命，殒身不恤，最终抗节不屈，绝食而死。

解立敬，字念显，号诚斋，贵州兴隆卫（今黄平县）人。解立敬少有贤名，因父兄早逝，便担负了家庭的责任，孝顺母亲，奉嫂如兄，俨然以家长自许。随着年岁的增长，解立敬到了成家立业的年龄，母亲将家产均分，让其独撑门户。解立敬十分理解母亲的用意，无所受，悉归其嫂。为了说服母亲，他说道："儿血气方刚，正有为之时，当不乏于衣食，而嫂氏一门孤弱，得产可免冻馁之虞，何必较门前区区一片土，长使其母子困乏？"儿子如此高尚的襟怀，令母亲大为欣慰，也就顺其意愿了。

解立敬祖籍江南巢县（今安徽省巢湖市），先世随军入黔，世代军职。军人家庭的熏染和遗风，使解立敬少怀壮志。他常常憧憬着将来能为国家建功立业，或横刀立马，驰骋疆场；或政绩卓著，彪炳史册。为了问鼎科场，他刻苦攻读，于经史百家、治平之道，莫不探索幽奥，深有所得。随着时光的推移，解立敬已是满腹经纶、通政事、擅才略、有理想的青年才俊，成为当地士人的楷模。据《黔诗纪略》所载，解立敬与何腾蛟、杨文骢同为孝廉（举人的雅称）时，志趣相投，以"忠义节孝"相期许。之后，三人为挽救明室的危亡，鞠躬尽瘁，死而后已，印证了早岁的理想。

明万历四十三年（1615），解立敬乡试中举。明天启六年（1626），出任陕西华阴知县。在任期间，为防御县城免遭兵燹之灾，他率领军民据险死守，击退了数万起义军的进攻，由此崭露头角。

时值魏忠贤当政，威风八面，权倾一时。浙江巡抚潘汝祯为取媚于魏忠贤，上疏朝廷，请求下诏在岳王庙为其立生祠。一时间四方效尤，天下哗然。陕西抚院为乌纱帽计，亦想借此讨一杯羹，于是拟议在华山岳庙中为魏忠贤立生祠。

听到抚院的决定，解立敬愤慨不已。在社会责任的驱使下，他独以"中官立生祠于史无前例"为由，请求抚院罢议。为此招致上官恼怒切责，欲治其罪。就在这时，突然传来熹宗暴毙、崇祯嗣位、魏忠贤畏罪自杀的消息。这样一来，解立敬不仅没被治罪，还被视为不畏权奸、刚毅直言的忠臣。陕人敬仰解立敬的高风亮节，将其祀于三贤祠，以表敬意。

明崇祯元年（1628），解立敬调任云南赵州知州。上任伊始，得知当地治安不靖、边患频繁、民众商家深感忧虑的消息后，为防患未然，他下令修筑城墙以固边围，兴学奖善以励民风。数事毕举之后，赵州呈现出一派新气象。

不久，边患又起，缅甸人挑拨定普头人据地为叛，妄图分裂中国领土。消息传到昆明，上官任命解立敬为监军率军征讨。解立敬立即召集诸将于署衙，凛然正气地说道："凡不遵守约束、作战不力、滋事扰民者，一律以军法从事。"众将被其威仪所慑服，均表示愿听其调遣，奋勇杀敌。在平乱中，解立敬与士卒同甘苦，共患难，身先士卒，冲锋陷阵，三战而擒敌首，从而平定了动乱。

解立敬深悟"远人不服，必修文德以来之"的儒家思想，认为要使边境长治久安，就必须与少数民族搞好关系，使其安居乐业。过去之所以边患频发，与地方官员欺侮边民并压榨剥削他们不无关系。而动乱发生后，如若一味征剿、镇压，不仅加深了民族仇恨，加剧相互仇杀，还会造成难以绥靖的恶果。

基于此，解立敬在对待被俘的少数民族头人的问题上，效法诸葛亮七擒孟获的怀柔政策。在平定定普动乱一事上，他对被俘的头人动之以情、晓以大义，指出其之所以落入如今危险的境地，是因为受外人利用和欺骗，充当了帮凶。该头人叩首流血，并发誓终生不反。解立敬毫不犹豫地将其释放。该头人之妻感激解立敬的大恩大德，献千金为其祝寿。解立敬欣然接受，然后用其金救济边民。

解立敬处理民族矛盾的方式与关心民众疾苦的襟怀，深深地打动了边民的心。与过去那些贪赃枉法、鱼肉百姓的官员对比，他们深切感到解立敬是一个恤民爱民的好官。为感念"解青天"的恩德，边民为其立祠、铸像，将其奉若神明。平定动乱后不久，解立敬调任山东青州同知。

崇祯十一年（1638），解立敬改任广州海防同知。在此期间，为了保护海上航道的畅通与渔民、客商的生命财产，他参与平定作恶多端的海盗刘乡老，受到当地民众的称道。

解立敬天资英敏，断案如神。每当审判定罪结束，他立即将判决书写下来，再根据法律条文当众宣读，民众无不服其神断。如惠州监生姚子毅一案：姚子毅病故，无子嗣，其妻已有遗腹。族人觊觎其家产，欺姚妻是弱女子，于是百般诬陷，坏其名节，企图霸占其家产。经过调查，解立敬洞悉其族人的丑恶用心，然后主持正义，为姚妻昭雪，使姚嗣得全。解立敬主持正义、打击邪恶的事迹得到民众的支持和拥护，其清正严明的办案风格广为百姓传颂。

在广州同知任上,由于当时通判、推官、南番知县并缺,上官委派解立敬管理。他身兼四职,尽心竭力,恪尽职守,案无留牍,如此的办事效率和旺盛的精力,使上官、僚属大为惊异。母亲病逝后,解立敬一度回乡守孝。丁忧三年后,补惠州同知。在此期间,解立敬又因平定"八排土徭"而受到上官和朝廷的重视。

崇祯十五年(1642),解立敬出任江西广信知府。崇祯十六年(1643),擢湖东按察副使,不久升右佥都御史,巡抚江西,提督军事。解立敬文武兼资,才德兼备,颇受朝野赞誉。明廷特下谕嘉勉,称其"治郡夙著循风,备军复娴将略"。正当受到朝廷大用时,解立敬鉴于目疾加剧,便向朝廷请辞告归。

崇祯十七年(1644)三月,李自成攻入北京,明王朝寿终正寝。不久,清兵入关,先后击败了李自成和弘光政权。

清顺治四年(1647),土匪攻破贵州黄平城,知州黄虞龙与乡绅张问德死难,兴隆卫城危在旦夕。面对险境,解立敬毁家抗之,联合参将武邦贤、通判狄宗尹、副使周洪德等人募士力战,最终击败了来犯之敌,使卫城转危为安。

顺治六年(1649),何腾蛟在湘潭被清军杀害。闻知杨文骢、何腾蛟两位好友先后以身殉国的英雄事迹后,解立敬深受震撼。想到国运若斯、前途无望,他伤感之余,决定以身殉国,向好友看齐。

顺治七年(1650),大西军孙可望部入黔。这位野心勃勃的武夫，胁迫南明永历帝封他为秦王，随后据兴隆卫署为秦王行府。之后，孙可望权力膨胀，恣意妄为，竟然改卫为县，自置伪官，勒令解立敬出任四川巡抚。

解立敬平素就反感骄横跋扈的孙可望，对其在国家危急存亡之秋的丑恶行径深恶痛绝。他想借此机会教训一下孙可望，于是亲往秦王行府，当面指斥孙可望说："今清军已深入南疆，国土板荡，凡我华夏之民，自应同仇敌忾，团结御敌。今闻李定国将军已于桂林起兵作勤王之举，而将军独欲据贵州一隅之地，以分团结抗敌之势，岂不知势分而力弱，终将为敌所乘，前途正不堪设想！何称王之有？且余为明大臣，于今老病在家，恨不能杀贼，死则死矣，勿蹈余于不义也！"

孙可望恼羞成怒，意欲杀之。左右因解立敬德高望重，杀之于己不利。与其杀之，不如囚之，待其悔悟后纳为己用。在狱中，解立敬抗节不屈，绝食而死。

解立敬是黄平山水清音孕育的一代杰出人物，是儒家思想培育的黔人精英。他对国家的忠贞及亲民爱民的高尚情怀，将彪炳千秋，永载史册！

贵阳白云耕读世家程氏

清康熙二十七年（1688）春，山东德州人田雯出任贵州巡抚。入黔后，在与贵阳士人的接触中，秀才程春翔引起了他的高度关注。程春翔"不独能文，而兼能诗，唱和相属，挥毫落纸，引人入胜；且其意致高远，亭亭如鹤立鸡群，即小阮（其侄）亦温文尔雅，含英吐华，皆有庙堂之器"。在与程春翔交谈中，田雯感到情趣相投，"声气即谐"。问其族谱源流，乃知系宋代理学大师程颐、程颢之后，于是有"余自京师奉命出抚江东，未几而移抚黔南，溯江而上，盖常北望伊洛，仰二程理学之宗"之叹。

康熙四十一年（1702）仲冬，应程春翔之请，田雯在济南其书斋为《程氏族谱》作序。谈到作序的义旨时,田雯有"为程氏光大其世泽,上追贤哲之踪,远承忠孝之绪,俾天下晓然,知其为先贤之苗裔,务以人贵姓,而毋藉于姓贵,则吾不以序程氏谱,而实序程氏之政焉"之语,耐人寻味。

据康熙乙酉(1705)孟春程氏十二世孙程春跃《黔宗谱略弁言》所云:程氏入黔始祖程贵,元末自休宁(今安徽省休宁县)率其家始迁湖广荆州府江陵县之磁器门,因世乱从军于荆州卫。明洪武四年(1371),程贵调贵州卫右所,后以军功官贵州卫指挥。永乐年间(1403—1424),程氏第四世孙程绅随军征云南、四川、广西等地,累立战功,授世袭百户长,"程官堡"亦因其首任百户长而得名。

程官堡属于"屯堡"。明代的屯堡,是军事机构的基层单位,常分布于重要的古驿道附近,为保障通往省城粮道的安全与军队的调动,常设官军驻守。驻堡的长官多为武职正六品的"百户长",而民间则以世袭百户长官姓氏命名该地。

程氏成为程官堡的主人,在此定居,繁衍子孙,世袭武职一直到明朝灭亡。在此期间,贵州建省,社会逐步走向安定,在国家"乱世以武,治世以文"思想的影响下,程氏子孙"观时发愤舍其旧,改弦更张习儒业"。明正德五年(1510),程贵第九世孙程辂中庚午科举人,官四川乌撒府同知,成为程氏入黔后弃武从文、荣登仕途的标志。自此,程氏科第蝉联,世代不衰,以文名闻于乡里。

程贵第十一世孙程圣训,是明代程氏家族载入《贵州通志·人物志》中的第一人。据所载:"程圣训,字心鲁,贵阳人。性谦和泛爱不欺,以岁荐知巴县。贼破城,圣训抱印投水,流三十里,如有物负之得不死。历遵义守,洁己爱民,人皆呼为老佛。卒于官,贫不能殓。子春翔、孙桂蕃皆举于乡,春化、春跃以明经官县令。"

以上文字记录了程圣训的五个信息:一是他原系岁贡生(秀才),经选拔后出任铜仁府儒学教授,后因教学成绩突出,升任四川巴县知县。二是张献忠的大西军攻破巴县城门后,为保名节,程圣训抱着官印投水,"流三十里,如有物负之得不死"。三是在遵义任知府时,程圣训为官清正,惠政甚多,士民感戴,人称"老佛"。四是明亡后,他留滞遵义,"卒于官,贫不能殓"。五是程圣训对儿孙的教育非常重视。在他的教导和影响下,"子春翔、孙桂蕃皆举于乡,春化、春跃以明经(贡士的别称)官县令"。

这位程氏家族中的精英,身处明清之际,目睹明王朝的腐败、国内风起云涌的农民起义、外敌后金的鲸吞蚕食,亲历了江山变色和政权更迭。作为深受儒家思想熏染的士人,心中的遗恨是难以言说的,这种痛苦导致他在清军占领贵州前谢世。

程春化,字时可,程圣训长子。早年以拔贡任四川成都府仁寿县知县。在仕蜀之日,正值张献忠余部进围仁寿县。县城攻陷后,程春化镇定自若。为表对明室的忠贞,他整衣冠,向阙再拜,自尽而死。

清人莫友芝在《黔诗纪略》中称程春化为"仁寿三杰"之

一，对其妻含辛茹苦抚孤成才有如是之语："春化妻窦氏，未之任，抚子桂奇、桂蕃。（桂奇）死，又率奇妇抚孙玿，并有节行。"

《贵阳府志·节妇传》对其妻窦氏和子妻周氏评价甚高："春化妻窦氏，事姑至孝，闻春化尽节于官，死而复苏者再。以事姑、抚孤为己任……抚二子，绩逢以自给。继而长子亦死，遗孙方在抱，其子妇周氏感之，亦誓不再醮，与共守焉。其子桂蕃举于乡。""程桂奇妻周氏。桂奇为春化长子，周年十五归之，逾年生子，甫及周而桂奇卒。截发啮指，以死自誓。事病姑谨，抚弱息亲授经书，训以成名，守节五十余年。子玿，康熙壬子科举人，宰诸暨有善政；孙仁圻，辛丑科进士，选庶吉士，历官布政使。雍正元年巡抚金世扬题旌。"

程春翔，字鸿生，号集山，晚号集山道人，程圣训第三子。工诗善文、精于音律，才高学博、俊雅斯文，深受贵州巡抚田雯赏识。康熙八年（1669），程春翔问鼎文场，中己酉科解元（举人第一名），同科举人有潘德征。程春翔与贵州著名诗人周起渭情趣相投，交谊深厚，常谈诗论艺，相互砥砺。

程春翔是清初贵州著名诗人。《贵阳府志》《遵义府志》均收录其诗文，《黔南会灯录》收存其序文一篇。清人谢庭薰《洗心泉集》集黔人诗句中，有程春翔诗五句。康熙末年修撰的《黔灵山志》，是经程春翔校阅付梓成书的。程春翔诗文散放于家，没有汇集付梓，逝世后大多散失，后学难以窥其全貌。兹录程春翔的三首诗作以飨读者。

平越卫倒马坡张三丰像

风雨长年在,须眉尚可亲。人间传异迹,石上想精神。
草衬空中展,苔衣化后身。崖头三尺影,阅尽道旁人。

秋日游紫霞有感

西风槛底夕阳斜,客里凭高远望赊。
战垒尚留前代迹,村烟不断野人家。
孤峰四面环青嶂,胜地千年郁紫霞。
愧我迹殊勾漏令,荒山何处觅丹砂。

广顺道中

荒原鸟路绝耕耘,一线天开万壑分。
影暗高林迷鹤径,声闻空谷出猿群。
俄惊绝涧泉如雨,偶过悬崖石似云。
谩说深山深处好,如今车马亦纷纭。

程春翔未入仕,在北陇(今摆拢寨)"偶石斋"中设馆授童,课士子弟,卒葬故里。程春翔夫妇墓,位于程官小学侧求雨坡。立有碑记,上书"康熙乙未年三月立,清故诰封文林郎(孺人)显考(妣)程公鸿生(母王氏)之墓,男桂馥祀"。

程仁圻,字方甫,号夵野,程珣次子。占籍广顺,康熙六十年(1721)辛丑科进士。进入仕途后,程仁圻由庶常历官监察御史、河东盐运使、陕西布政使。清乾隆元年(1736),其署理陕西巡抚,诰授通奉大夫,补授广东布政使。

《贵阳府志·进士表》中有载:"(康熙)六十年辛丑科邓钟岳榜,广顺州程仁圻,选庶吉士,官至东河河道总督,降广东布政使司。"《清代职官年表》记载:"程仁圻,雍正十二年十一月初三(甲戌)以河东运使署陕西布政使;十三年正月廿一日(壬辰)实授;乾隆二年三月十三(己酉)忧免;五年五月(庚申)署广东布政使。"

据《雍正朝汉文朱批奏折汇编》等史料记载,陕西布政使程仁圻向皇帝进八折。其中,清雍正十三年(1735)十二月初一所上的一道奏折为:"窃查陕西地丁钱粮于康熙六十年内前督臣年羹尧未奉明旨擅增火耗,每正额银一两加增耗银二钱,内六分为督抚司道厅养廉,一钱四分为各官补苴亏空并州县养廉。雍正四年,前督臣岳钟琪、前抚臣图理琛折奏请将加二之耗羡内除一钱五分作各官养廉及一切公用,其余五分计每年收银七万九千余两采买社仓粟谷,俟三年之后各社仓积贮丰盈再行减免。"从以上内容可见,程仁圻敢于进言。

程官堡程氏自春化、春跃、春翔以后,裔脉分迁修文、定番、广顺、平越等地。特别是清咸同年间,贵州各族人民大起义,腥风血雨,刀光剑影,战乱所致,疾病频发。为保存血脉,程氏后裔逃亡他乡,留在当地的程氏族人也逐渐衰落下来。

黔南程氏自程文弼起到程铎止,两百年间祖孙六代选拔贡生五人,即程圣训、程春化、程春跃、程桂馥、程仁域;中乡试举人十人,即程辂、程文远、程文灿、程文弼、程春翔、程桂蕃、程珣、程仁圻（占籍广顺）、程仁增、程铎（占籍定番）；进士一人，即程仁圻；出仕为官六人，即程文弼（云南邓川知州）、程圣训（四川遵义知府）、程春化（四川仁寿知县）、程春跃（四川彭县知县）、程珣（浙江诸暨知县）、程仁圻（陕西巡抚）。程氏是明末清初贵阳著名的耕读世家，对地方文化的影响较为深远。

忧患诗人吴中蕃

清康熙三十三年（1694），戏剧家孔尚任在《敝帚集·序》中载有一件有趣的事：他曾在《官梅堂诗集·序》中评论天下人才，以春秋战国时列国地域为十分计算，认为"吴、越得其五，齐、鲁、燕、赵、中山得其三，秦、晋、巴蜀得其一，闽、楚、粤、滇再得其一，而黔阳（贵州）则全无……"

之后，孔尚任的贵州友人唐御九来拜访他，"盛言其地人才辈出，诗文多有可观者"。对此，孔尚任极不相信，怀疑其言过其实。唐御九亦不争辩，随即出示两册《敝帚集》。当孔尚任静下心来细读之后，不禁为之震惊，这才感到《敝帚集》的作者才华横溢，"即中原名硕夙以诗噪者，或不能过之，乃知其中（指黔阳）未尝无人"。

《敝帚集》不仅改变了孔尚任平素视贵州为"鬼方蛮触之域"毫无人才的偏见，而且使其心悦诚服为之作序宣传。在其序中，孔尚任认为吴诗："多忧世语，多嫉俗语，多支离漂泊、有心有眼不易告人语。屈子之闲吟泽畔，子美之放歌夔州，其人似之，其诗似之。"由是进而赞美道："与十五国人才衡长量短，使天下知黔阳有诗自吴滋大始，岂非甚盛事！"

孔尚任所谓的"其人其诗似屈原和杜甫"，是否准确令人信服呢？我们只能通过吴中蕃的身世、人格及诗歌内容、风格加以验证，才能得出客观的结论。

吴中蕃，字滋大，晚号"今是山人"。明万历四十六年（1618），吴中蕃诞生于贵阳石板哨芦荻寨一仕宦书香人家。其祖父吴淮，幼时有"奇童"之誉，之后乡试中解元，官至户部郎中。吴淮晚年归隐林下，"以经术文章倡导后进，尤究心边事，著作宏富"。其父吴子骐，曾任兴宁知县。

吴中蕃儿时诵读经史，颇能感悟，少年时外出远游，足迹遍及燕、赵、江、淮、吴、越、滇中，与当地名流学者交游请益。通过远游，吴中蕃的视野得以开阔，阅历愈加丰富，学养日益完善。

明崇祯十五年（1642），吴中蕃中举。时逢天下大乱，在内忧外患的夹击下，明王朝朝不虑夕，灭亡在即。正因为如此，他未能参加京试（考进士）。两年后，吴中蕃历经了明朝的覆亡，清兵的入关，李自成仓皇离开北京，清兵挥师南下，南明弘光、隆武王朝先后败亡，以及南明永历王朝继起等重大事件。为安全计，吴中蕃从江南返回故乡。然而令他万万没有想到的是，这一年张献忠的大西军残部由孙可望率领，从四川进入贵州，先后攻占遵义、贵阳。在围困贵阳时，吴中蕃的父亲吴子骐率乡兵在滴澄桥狙击大西军，兵败被俘，遭到杀害。

清顺治九年（1652），清兵势如破竹，扫荡南方各路明军，永历帝朱由榔流落贵州安笼所（今安龙县）。为改变颓势，朱由榔被迫与孙可望的大西军联合。野心勃勃的孙可望，权欲熏天，竟然置国家的命运于不顾，视永历帝为傀儡，最终成为永历王朝的实际掌权人。

父亲的惨死对吴中蕃的打击很重，他对野心家孙可望的所作所为十分反感。在国家多难之际，他舍弃了个人私怨，毅然投入挽救危亡、抗击清兵的运动之中，当了永历王朝的官员。吴中蕃先后任遵义知县、重庆知府。在此期间，他勤于政事，体恤民困，政绩突出，升调吏部文选司任郎中。

清兵入据云南、贵州时，吴中蕃弃官还家，携母逃入山中，每日弹琴啸歌，诗文自遣，以寄忠愤。南明永历王朝灭亡后，清政府征召吴中蕃出任云南知府。为表明对前朝的忠贞和不损名节，他极力拒绝，誓死不从。

康熙十七年（1678），清廷议定裁削"三藩"，吴三桂知是削夺其藩权，于是起兵反清。一时间风云激荡，南方各地反清力量纷纷响应，形成恢宏壮阔之势。吴中蕃对吴三桂抱有幻想，随即赶赴云南，入吴三桂幕府，为其出谋划策。之后，他发现吴三桂"兴明"是假,"自僭帝号"是真,于是"拂衣而归",再度入山隐居,以著述为乐。

吴三桂攻入湖南后,果然不出吴中蕃所料,撕下了伪装,于是年三月登上了皇位。令人意想不到的是,吴三桂八月病逝,其所创立的基业便由孙子吴世璠继承。

吴世璠无乃祖之勇武,亦无其乱国之才能。他当上吴周皇帝后,倚方光琛、郭壮图为心腹,率部继续抵御清兵。当清兵大举反攻时,吴世璠抵挡不住,兵败退守贵阳。

吴世璠久闻吴中蕃有经国济世之才,企图逼使其出山相助。吴中蕃对吴世璠亦无好感,在其淫威之下,只好装疯来遮人眼目。面对前来逼仕的差官,吴中蕃佯装已疯,当着差官的面砸碎友人赠送的一方宝砚,这样才逃过一"劫"。

康熙十九年(1680),清兵攻占贵阳,吴世璠退守云南。见威胁解除,吴中蕃重新将碎砚黏合。为了纪念这段痛苦的经历,吴中蕃将此时期创作的诗集题为《断砚草》。

吴中蕃人生最后的十五年,正是清王朝扫荡南明的残余势力、平定三藩、收复台湾、国家走向大治、社会日趋安定、经济日益繁荣的时期。吴中蕃这个身历乱世的读书人,这时才真正体味到"宁为太平犬,不为乱世人"的意涵。于是,他摒弃了昔日对清王朝的偏见,重新融入主流社会,应新政权之邀,两度主纂《贵州通志》,与青年学者周起渭等人同心协力,出色地完成了时代赋予他的使命。这部康熙年间修纂的《贵州通志》,咸同年间的大学者莫友芝评价为"其叙事,甚合史法"。

吴中蕃晚年闲居于贵阳城西梦草池畔，康熙三十四年（1695）病故，享年七十七岁。

吴中蕃一生著述宏富，涉及经史、诗文、杂著、删定书及选本，但大都佚亡。现存《敝帚集》十卷，共有诗一千零九十一首。其诗直抒胸臆，不事雕琢，被莫友芝誉为"质厚气苍，自然瑰异"。

正如孔尚任所言，吴中蕃与屈原、杜甫在人生的际遇上确实有相似之处，他们都具有儒家经世济时的政治理想，然而才高学博，郁郁不得志；他们都经历了颠沛流离、艰辛苦难的乱世。屈原因敢于直谏、品性高洁而两次被"放流"，吴中蕃"言事忤旨"（永历王朝时）及发现吴三桂"有异志"而两次"自我流放"。杜甫自中年至晚年饱经战乱，颠沛流离，居无定所，历尽艰辛；吴中蕃身处明清交替的多事之秋，经历沧桑巨变、政权更迭，受尽了屈辱与痛苦。用吴中蕃的话来说，他"一生戎马内，毕世乱离间"。由此可见，其经历与杜甫较为相似。

古人有"诗言志"之说，我们从屈原、杜甫及吴中蕃的诗歌中发现一个共同的特点：他们敢于直面严酷的人生，大胆抨击封建统治者带给人民的苦难。屈原"长太息以掩涕兮，哀民生之多艰"，写出了千古绝唱的《离骚》；杜甫"穷年忧黎元""何日干戈尽"的忧国忧民思想，写出了万古流芳的"三吏"（《新安吏》《石壕吏》《潼关吏》）、"三别"（《新婚别》《垂老别》《无家别》）；吴中蕃的"杜陵血恨何时干，眷顾太平天下福"反战恤民思想，使其写出《丁亥纪乱》《春江行》《移营等光辉诗篇。他们三人的诗作正如孔尚任所言的"多忧世语，多嫉俗语，多支离漂泊、有心有眼不易告人语"。然而，他们又有所不同：屈原是浪漫主义诗人，为了表现理想，善于把幻想、夸张、神话传说融为一体，以及运用比喻、象征、反复吟唱等表现手法，且语言华丽而有些晦涩，令人难以理解。杜甫和吴中蕃是现实主义诗人，其诗平白如话，不事雕琢，直抒胸臆，感情真挚，意象清新，境界雄阔，常给人朴实隽永的感觉。从两人的诗歌来比较，就会发现何其相似。如吴中蕃的《乱后》之一，这样写道：

乱后人家少，三两便成村。似闻山有虎，停午已关门。
白髻青裙妇，黄头赤脚儿。鸡豚闲料理，更掘沤麻池。
白骨篱边挂，玄狐屋上蹲。展茅邀客坐，把火斫车辕。

再看一下吴中蕃写卖命士兵悲惨遭遇的《移营》：

世乱无安辙，军书每日来。宿舂悬后载，裹创事行枚。
义重躯骸贱，功高孤矢推。人生非死敌，荒冢亦成堆。

再如其《春江行》中征夫对无休止战争的控诉：

天地失位生人贱，弓刀得意妻儿独。弟楚兄黔我亦西，籍窜军功如鬼篆……可怜欲说不敢说，无数伤心托幽竹。江流宛转鹤盘旋，荒坟野鬼啾啾哭……

当读者阅读吴中蕃这三首关于战争给人民带来的深重苦难和使农村凋敝的诗篇时，自然会感受到其思想内容及语言风格与杜甫的《兵车行》何其相似。

吴中蕃是继谢三秀、杨文骢之后黔中最杰出的诗人。他继承了自屈原、杜甫以来我国现实主义诗歌创作的优良传统，其目光始终关注于广大人民身上，同情他们的遭遇与不幸，抨击封建统治者的穷兵黩武，从而展现出那个时代政治、经济、军事等方面一幅幅真实的画面。吴中蕃的诗作对贵州文化有着深远的影响。其后的贵州大诗人郑珍、莫友芝等，无不继承他的诗风，将黔中的诗歌创作推向了新的高度。

"白面龙图"刘子章

经过数十年的征战，镇压了各种敌对势力，到了清代康熙中期，中国又回到了统一的局面。为了长治久安，清王朝在政治、经济、文化上采取了一系列措施，以求缓和民族矛盾。贵州士人刘子章身逢其际，因时而变，秉持儒家"民本"思想的理念，纾民困、惩豪强，以清廉刚直的官风闻名政坛，被人誉为"白面龙图"。

刘子章，字豹南。先世明初来黔，定居贵阳，以躬耕为业。据刘青霞《监察御史刘公子章传》所载：刘子章少时，家境贫寒，"读书萧寺中，炊爨（烧火煮饭）不继，常以僧寄食饮"。然而缺吃少穿、寄食寺僧的境遇，并没有摧毁刘子章的意志，他磨砺心志，发奋为雄，以超越常人的勇气去面对生活。经过长期苦难的磨炼和刻苦的学习，他广览大量的经、史、子、集，文名渐显，以翘异补县学士（秀才）。

清康熙二十年（1681），刘子章以乡试第一名（解元）中举，"除（授）镇远教授"。刘子章为人"骨鲠正直，不避权要，每遇义所不可，辄力争之，必求直而后已"。在担任镇远府教授期间，他注重名节操守，不肯奉承上官。据刘青霞《监察御史刘公子章传》所载：某学使曾暗示刘子章向其馈赠礼物，遭到刘子章的"怫然怒目视"及当面指责。学使恼羞成怒，推案而起。刘子章亦冷眼观之，不为所动。学使感到内心惭愧，强装笑脸向刘子章赔礼道歉。

其后，刘子章发现知府贪婪无度，便直言规劝。哪知对方不知好歹，反而视其为仇，并以上司的身份欺凌他。刘子章见其执迷不悟，无可救药，便与其断绝来往。

康熙三十一年（1692），清王朝的江山已经稳固，开始偃武修文，发展经济。贵州巡抚卫既齐基于"盛世修志"之说，特聘吴中蕃、李琪、周渔璜、刘子章等人纂修康熙《贵州通志》。在纂修志书的过程中，几人同心协力，取长补短，出色地完成了时代赋予的使命。

当时，总纂吴中蕃已年逾古稀，仍以高度的热情投入修志工作。对这位历经沧桑、才高学博且两度参与纂修《贵州通志》的前辈诗人，刘子章非常钦仰。而吴中蕃眼光独具，对才华横溢的刘子章亦十分赞赏。吴中蕃在《赠刘豹南》一诗中这么写道：

平生颇负人论鉴，两眼虽昏不易欺。
乍读雄文心已折，久亲雅度意全移。
恍闻流水高山奏，如坐光风霁月时。
自笑老人非太乙，案头藜火为君吹。

刘子章的学养亦得到卫既齐的赏识。时值天下初定，百废待举，国家急需行政管理人才。在卫既齐的大力推荐下，刘子章出任襄城知县。

上任之初，襄城因粮食歉收而盗贼四起，面对饥饿的民众和混乱的治安状况，刘子章一面向上司报告灾情，一面劝说积贮大户减价粜粮，一面又向富户借粟济民。为了解决民众今后的生活，他动员民众兴修水利，筑堤开渠，为今后的丰收奠定基础。与此同时，他将自己微薄的薪俸买地建书院，为当地培育人才。以上善政善举受到治地民众的好评。由于水利设施的建成和运转，该县第二年获得了丰收，百姓衣食得以保障，盗贼亦随之销声匿迹。社会秩序好了，人民得以安居乐业，百姓对其无不称颂。

饥荒的问题刚解决，又出现另一个棘手的问题：襄城内驻扎着不少的绿营兵，他们毫无纪律，独来独往，淫人妻女，掠人钱财，欺凌百姓，无恶不作。这些军人参加过扫荡南明政权、平定"三藩"及收复台湾等征战，恃功骄横，为非作歹，官府亦无可奈何，百姓更是深受其害。久而久之，绿营兵成了地方治安的一大毒瘤。

为保护百姓的生命财产，打击绿营兵的嚣张气焰，刘子章上任伊始，亲往绿营大营，对其将领晓以大义、诉以利害，劝其严加管束部属。有感于刘子章的真诚与善意，该将领不再纵容部属。绿营兵亦有所收敛，不敢明目张胆地骚扰地方。

这时，一件案子冒了出来，成为全县的焦点：四年前，绿营兵王荆州、王习武仗着是军官子弟，竟然在光天化日之下闯入一樊姓人家，意欲强暴其寡妇。当遭到拒绝后，二人残忍地将寡妇杀害。邻人亲睹了二王的犯罪经过，但不敢指控。樊家多次诉讼公堂，王习武之父率众闹事，要挟县令，遂使案子长期悬而未决。

刘子章是一个正义感十分强烈的人，亦是个威武不屈的硬汉。对于为害地方的绿营兵，他正想灭其威风，挫其锐气。当他审阅此案卷宗时，不禁怒火中烧，气愤地说道："岂有贞烈若此，而冤不为之伸者！"当时，王荆州已死，同案犯王习武尚在襄城。刘子章得知情况后，立即下令入营将王习武逮捕归案。这下子可惹怒了绿营兵，他们围住公差，鼓噪呐喊，阻挠抓人，随后又聚集在县衙前示威恐吓。衙署外的绿营兵越聚越多，震耳欲聋的喧哗声此起彼伏。面对随时都可能爆发的动乱，刘子章正襟危坐，不以为意。他对堂上执法的属吏笑道："吾持三尺之法，讯有罪之人，何惧若曹哉！"然后继续审讯王习武。面对铁面无私的刘子章，王习武知道抗拒耍赖无济于事，最终老老实实地交代了所犯的罪行。定案之后，绿营兵见刘子章不畏强暴，公正严明，于是相诫曰："刘公威严勿犯也！"随即退去。刘子章将此案上呈后，朝廷批复道："烈妇得旨表闾，而罪人正国典。"

不久，襄城又发生了一件命案：某把总（清代陆军基层军官）突入民宅，调戏民妇。民妇不堪其辱，悬梁自尽。刘子章得知消息后，立即将把总逮捕法办，民妻亦得到旌表。

刘子章不为强暴所胁迫、为民申冤的事迹不胫而走，名动中原，大江南北因有"白面龙图"之称。从此以后，绿营兵检点行为，不敢闹事，数十年为害襄城的毒瘤终于被割除。

刘子章秉公持正，执法不扰，对坏人坏事痛加裁抑的刚严作风，引起了绿营将士的惶恐和嫉恨，欲除之而后快。这时发生的一件事竟改善了刘子章与绿营兵的关系。按照旧例，朝廷每月发给营兵的月饷，须由地方官员审查后亲往营地发放，这样一来，无形中就给官员们留下了克扣、贪污的机会。过去的县令经常逾期不往绿营发放饷银，营兵因无钱花费便去侵凌百姓。刘子章了解情况后，亲往绿营，验实发放。当营兵发现自己所领的月饷比过去多一倍时，无不欢呼相庆道："刘公所赐也！"

康熙三十五年（1696），绿营兵调防，刘子章特购牛酒犒劳。有人怕出事，劝告他不要去。刘子章笑道："吾天子命吏，奴辈敢相犯邪！"当绿营兵撤防襄城时，兵勇看见刘子章坐着轿子带着牛酒前来饯行，无不深受感动，随即伏于道旁，以示敬意。慰问之余，刘子章亲切地勉励他们："杀贼立功，报效朝廷……有吾在，即妻子勿虑也。"绿营兵听后，无不感激涕零，叩头伏地。

刘子章治襄三年，"建书院，修堤渠，礼生儒，吏畏民怀，善政不可枚数，而不避嫌怨，以伸两节妇之冤，正悍卒之罪，尤为人所难者"。清廷为了嘉奖刘子章在襄城的治绩，升任其为监察御史。

康熙三十九年（1700），刘子章出任山西监察御史。在此期间，他发现了一个怪现象，那就是出任各省的官员，大都带着人数众多的家小、仆从。由于路途上花费甚大，为了转嫁危机，这些官员不惜扰害地方，鱼肉百姓。为此，刘子章上奏朝廷，请求自总督、巡抚而下，巡行时随从限以定额。

康熙帝玄烨阅奏折后，有所触动，立即接见刘子章，召至案前，面与商榷。刘子章向皇帝详细剖析了这事对国家的危害性。玄烨听后频频点头，十分称意，特下旨："允行，著为令。"

玄烨是一位知人善任的君王，知刘子章才堪大用，对其"眷注优渥"，胜过了其他御史。两年后，玄烨特命刘子章为江西乡试正考官。按照旧例，典试官素不用御史，加之刘子章仅是举人出身，更没有资格充任。从这前所未有的殊荣，不难看出康熙帝对刘子章赏识有加。在典试江西时，刘子章不负皇帝所望，清廉自持，务绝宿弊，以选拔真才为己任。榜发之日，果然不少真才实学的江西士人中举。

康熙四十三年（1704），刘子章出任河东盐运使。离京赴任时，好友周起渭赠诗一首，对这位"屹然以风纪自任"的南台御史赞许道：

南台凛凛绣衣郎，峨冠榴具何激昂。

两年议论动明主，一日星轺生太行。

在河东盐运使任上，刘子章秉持自己一贯的官风，凡一切裕商利民之事无不尽力为之：他除革除"扒子银"八千两及不少陋弊外，对司马光、范仲淹及明代的几位忠烈的墓、祠定期奉祀。对于这些善举，民众无不叫好。

刘子章正当政治前途大好之时，于康熙四十六年（1707）突然病故，时年五十二岁。

刘子章是清初贵阳著名诗人，著有《豹南诗集》《又忆录》。他的诗大多与"修、齐、治、平"的儒家思想有关。其纪游诗《宿通远驿》却从另一个侧面流露出他憧憬隐者生活的出世思想，诗云：

日绕庐山行，夜宿庐山下。山色上小楼，星光映古瓦。
蛩鸣夜气静，风过松涛泻。晓起望高峰，想像结庐者。

据刘青霞《监察御史刘公子章传》所载，刘子章"生负轶才，倜傥有大志，遇义勇为，不以好恶为是非，不以利害为勇怯，立朝丰采，屹然名臣"。文中还谈到刘子章的一些逸事：如刘子章的同科举人杨某，虽平素与他关系不好，但当他得知杨某病逝京城、其妻流离失所时，仍向其家人伸出了援助之手。他不仅派人将杨妻接送至襄阳，还出资将杨的遗体归葬家乡。又如刘子章任河东盐运使时，恰逢襄城是岁饥荒，士民哀鸣，民不聊生。他急民之所急，哀民之所哀，立即捐金三百两，赈济灾民。从以上两件事不难看出，刘子章天性慷慨，乐于助人，救民之困，济民之难，不失为封建士人的楷模。

高阳山人在《刘公子章墓志铭》中有如是之言：

公之挺然卓立，以古人自期待者，盖百不得一也；以有用之材，遭可为之时，而寿不酬德，未穷其施。余所以唏嘘流涕而不能自已者，盖深为国家惜，而不独以知交零落与黄垆之痛也！

其字里行间，赞颂友人的才学德识、卓然风姿，痛惜友人的天不假年、赍志以殁，读后令人为之叹息！

德被台湾的周钟瑄

清代中期,清廷在贵州"大兴官学,作养人才"的同时,强力推行"改土归流"政策,将政府的法令和汉文化深入"王化未及"的边隅之地。数十年后,贵阳青岩的小山村骑龙寨,涌现出两位青年才俊:一位是名扬华夏的诗人周起渭(字渔璜),一位是开发台湾、政绩卓著的周钟瑄。

清康熙十年(1671),周钟瑄诞生于贵阳白纳长官司骑龙寨(今花溪区黔陶乡骑龙村)一士人家庭。周钟瑄少罹不幸,九岁丧母,十一岁父又病故。叔父周奕云怜其孤苦,领回抚养。从此,周钟瑄随堂兄钟玮读书。

周钟瑄聪颖好学,少有文名,贵州巡抚卫既齐、督学道金事华志章皆奇其文,于是拔置省城贵阳府学深造。时值清廷平定三藩、统一台湾之后,国家从乱走向大治,兴学育才,鼓励士人苦读求仕,以满足"文治"的需要。在此政策的感召下,周钟瑄磨砺心志,奋发图强,为未来科举场上的竞争积蓄力量。

康熙三十五年(1696),周钟瑄乡试中举,为贵州丙子科乡试亚元(第二名)。次年北上京都,再试文场,没想到会试败北,铩羽而归。返乡后,周钟瑄潜心经史,以求再起。不幸的是,在此期间叔父病故,他守孝三年。之后,周钟瑄北上谋生,先后在山西督学高其倬、江南督学张志尹、顺天督学周起渭(其族侄)处做幕宾,并参与校文。经过以上历练,周钟瑄的才学德识得到进一步提高,进而得到名儒硕学之赏识。

康熙五十一年(1712),周钟瑄补官出任福建邵武知县。在此期间,他不仅注重地方文物景观之建设,并捐银购买民房与空地扩建文庙,修葺宋代名臣李纲的祠堂。与此同时,他审查原有病民、困民的旧弊陋规,凡不合理的均予以革除。昔日福建流行"红袍银"陋规,系砍头的罪人行刑时所备的红衣还要交纳银子。既然将犯人处以极刑,又责令其家人出以银两,周钟瑄认为十分荒唐又有悖情理。有感于此,他上报巡抚衙门,恳请废除。巡抚满宝对周钟瑄此建议十分赞同,下令全省革除此弊。以上举措,颇受民众赞许。

自康熙二十三年(1684)清廷统一台湾后,该地基本上仍处于政治、经济极端落后的状况,许多地方没有政权机构,大片的地区还未开发,岛上住着以高山族为主的原住民。为了加强对台湾的控制，使中央的政策得以贯彻落实，康熙五十三年（1714），清廷选拔了一批有经验的官员赴台湾进行政权建设。周钟瑄荣膺选拔之列，随即调任台湾诸罗知县。

诸罗县治原设在诸罗山下的里兴堡，后移至嘉义（今嘉义市）。令周钟瑄难以相信的是，该县地僻人稀，居民不过三十户，既无城郭，亦无衙署，而知县办公的地方仅是三间破屋。履任之初，他有感于辖境荒凉原始，于是把建立新诸罗县城作为政权建设的第一要务。

经过深谋远虑和仔细的计划后，他带领官民顶着烈日，建学宫，修城隍，筑木城，经过辛勤的工作，在昔日荆棘遍地、杂草丛生的地方矗立起一座新县城。

新城初具规模后，棘手问题又摆在周钟瑄的面前。诸罗是新开辟的县治，辖区十八社皆高山族同胞。由于历史的原因，诸罗县文教不兴，高山族同胞生产落后，仅以种植粟米或捕鹿为生。经过多方调查，周钟瑄得知前任官员对这些生活十分贫困的民众不仅不关怀爱护，反而横征暴敛，巧取豪夺。每年治民除正供朝廷的六万五千石粮食外，各社还须缴纳课银一百二十两至六百两不等。而通事（翻译）及胥吏还要在这些可怜的民众中敲骨吸髓，中饱私囊，逼得治民难以生存。为了使治下的民众安居乐业，周钟瑄悉摒陋规，通令全县官民：只取正供上缴国库，加一成损耗作县衙公费，其余不准妄取。为严正法纪，他勒石立于县衙，永为定例。

周钟瑄仔细分析了诸罗经济落后的原因，结论是高山族民众对开垦土地毫无认识,更不懂得水利建设的重要性。为此,他教导民众耕作,发给耕牛、农具、种子,带领他们辟阡陌,广田畴,开沟渠,筑塘堰。数年之后,他们辛勤的劳动终于取得了丰硕的成果,昔日的荒地都成了良田沃土。农业发展了,民众的生活亦逐步得以改善。面对如此变化,高山族民众无不对周钟瑄感恩戴德,颂其善政。人们将其所修的堰塘称为"周公堰",以表爱戴之情。

民众的温饱有了改善,周钟瑄又将目光移向教化。他在乡间设立义学,延师课读,教高山族同胞学习官话,挑选优秀者入学。在周钟瑄热情的关怀下,诸罗文教渐渐兴起。

周钟瑄深悟"远人不服,则宣文德以来之"的深刻意涵。作为一个地方官,他把辖区内的民族团结作为治政的要务,认为与其以武力征服,不如施以怀柔;要增进民族的了解,首先要搞好与少数民族上层分子的关系。

诸罗县城北边的大古伯山区,是一个地僻路遥、山深林箐、濒临大海的地方。自古以来,这里聚居着高山族同胞,由于交通不便,少与外界接触,长期过着"民不火食,以草蒙首,以麂皮蔽身,无所谓衣冠"的原始闭塞生活。这些不知"王化"为何物的高山族同胞,得知周钟瑄亲民恤民后,在其部落阿莫(大头目)的率领下,于康熙五十五年(1716)徒步来到县城,请求内附。周钟瑄见状十分高兴,亲自接见阿莫,以酒肉款待,并授予衣冠,对其再三抚慰。如此礼遇,令阿莫大为感动。之后,阿莫陆续将其部民三千人迁往县城近郊居住。周钟瑄亦用心为移民选择平地予以安置，授田土，给农具，教以耕作技术，使其安居乐业。事后，周钟瑄将这件事记录下来，写成《生番归化记》，并将其载入《诸罗县志》中。

为了替后人留下一部宝贵的地方历史文献，周钟瑄政务之暇，纂修《诸罗县志》十二卷，翔实记录了当地的建置沿革、历史文化、地理环境、民族人口、经济交通等。《中国地方志词典》对《诸罗县志》有如是言："此书后人评价很高，陈正祥认为：'清代官修的台湾地方志，以《诸罗县志》最为学人推重。'"

周钟瑄治理诸罗三年，劳苦功高，被人称道，其卓著的政绩主要表现在以下方面：他带领官民在荒原上开拓和建设了一个新的诸罗县城；他把中原先进的耕作技术引进到了诸罗，使高山族同胞从原始猎人时代一跃而为农耕时代；他重教化，治礼义，遵循儒家"谨庠序之教，申之于孝悌之义"的理念，加强高山族民众对汉民族文化、道德、法治的了解和认同，从而增进了民族的和睦与团结；他关心地方文献的保存，其所纂修的《诸罗县志》，为地方留下了一部宝贵的史乘，对后人了解台湾开发史亦大有裨益。周钟瑄离任后，士民为之立祠塑像，每逢其生辰则演剧庆贺，盛赞"周公"恩德。

康熙五十六年至五十九年（1717—1720），周钟瑄先后升任为山东高唐州知州、吏部员外郎，所到之处，办书院，起人文，得到士民好评。

康熙六十年（1721），台湾发生动乱，以朱一贵为首的农民起义军，打着"反清复明"的旗号，席卷台湾大部分地区。清廷惊恐之余，慌忙从福建、浙江调军队镇压。动乱平定后，总督满宝、巡抚黄国材认为周钟瑄治台有术，在人民心中有一定威望，于是向清廷荐举他。清廷准奏，下旨命周钟瑄以员外郎之职管理台湾知县事务。

重返台湾后，周钟瑄看到的是粮价飙升、民声鼎沸的社会乱象。针对以上状况，他带头捐款，平抑粮价，修废革弊，安定民心。然而这时满宝却与周钟瑄不同调，其认为：要使台湾政局稳定，唯有将以朱一贵为首的农民起义军斩尽杀绝。周钟瑄对此却有不同的看法。他恳切地告诉满宝，朱一贵等"俱属良民"，他们之所以造反，纯属官府逼迫所致，目前最重要的任务是保持社会的安定，搜捕行动必将扰民乱民，无形中为新的动乱埋下隐患。在他再三的劝导下，满宝最终打消了搜捕的念头。

之后，黄国材向周钟瑄谈起了田赋的问题，主张重新丈量土地，清查隐匿田亩，以增赋税。周钟瑄认为不可，强调"台湾居海外，宜宽以柔之，未可操切"。黄国材觉得有理，不再坚持自己的看法。

在周钟瑄儒家理念的治理下，清廷开发台湾的工作渐渐走上了正轨。之后，他又建议修建台湾木城，获准施行。

官场是一个污浊的水缸，清白正直的官员在其中是难以生存的。时值巡按御史禅济布纵容其手下在台湾为非作歹，周钟瑄看在眼中，怒在心里。为严正法纪，打击宵小之辈的嚣张气焰，周钟瑄下令将为奸者抓捕后加以刑拘拷打。禅济布得知情况后怀恨在心，上疏诬陷和弹劾周钟瑄。康熙帝令总督高其倬调查与讯问，见未能决案，又令大臣史贻直查讯，亦无实证，案子就这样拖了下来。

雍正帝登极后，下旨升迁周钟瑄为湖北荆州知府。之后，山东高唐州发生仓谷亏空一事，曾任高唐知州的十八人均被降职或调任，周钟瑄亦难辞其咎。雍正帝特令周钟瑄降级留任视事。

在荆州任上，周钟瑄为当地做了几件好事：一、革除旧有的商当陋规；二、捐粟三万石，填补仓廪空虚；三、平反监利县万三女冤案，扩建武庙。

然而官场险恶，政治上稍不留心便会断送前程。清雍正十一年（1733）六月，江陵芦席湾江堤溃决，洪水泛滥江陵、监利两县。按旧时经验，夏秋水盛，不宜兴修水利。周钟瑄听取了绅民这种意见，便做出决定，将资金用于赈济灾民。总督迈柱对此极为不满，便以"怠误堤工"予以弹劾。朝廷于是令周钟瑄出资补筑。周钟瑄用了俸银八千五百两，花了三个月的工夫，补筑的堤坝终于完成。谁知不久，他又因荆关税务耗米被议处。几年之后，案子最终以周钟瑄发往军台（在新疆或蒙古）效力而告终。

清乾隆八年（1743），周钟瑄离开任所，前往军门，百姓得知消息，夹道送行，依依不舍。之后，荆州人民特立"周公祠"，每年祭祀；并将周钟瑄带领民众所筑之堤命名为"周公堤"，以示怀念。

乾隆九年（1744），周钟瑄之子周德明以父年老为由，乞求代父效力。朝廷允准后，周钟瑄得以返回故乡。之后，周德明在军门效力期满，出任遂溪知县，周钟瑄又随之到遂溪养老。乾隆二十八年（1763），这位被民爱戴的老人与世长辞，享年九十二岁。

周钟瑄少怀奇才，工于诗文，入仕后，仍不能忘情于此。据道光《贵阳府志》所载："康熙间贵阳之能诗者，（潘）驯、（江）闿而外，唯钟瑄能与周起渭颉颃（不相上下）。"周钟瑄一生著有《读史摘要》《遏云斋诗集》及《松亭诗集》两卷。

恤民爱民的王梦麟父子

古人云："木秀于林，风必摧之。"在贪官酷吏横行的封建社会，一个清官廉吏是难以容身的。清初康熙、雍正、乾隆年间的贵州人王士俊的宦海浮沉就是一个典型的例证。

据史料记载：王士俊祖籍江宁上元（今南京市）。明正德年间，其先祖王驯以拔贡官云南太和知县，后升大理同知。辞官返里途经平越（今福泉市）时，王驯"爱其山水，遂家焉"。

随着时光的流逝，王氏后裔在平越的土地上繁衍躬耕，诗礼传家，经过了几代人的刻苦攻读，终于在康熙年间的科举场上大有斩获，涌现出康熙五十一年（1712）进士王梦旭（叔）、康熙五十八年（1719）进士王梦尧（叔）、康熙六十年（1721）进士王士俊（侄）。三人均被选入翰林院，于是有了平越"王氏三翰林"之称。

王士俊的父亲王梦麟，是一个生性耿介、体貌严肃的读书人。康熙壬戌（1682），王梦麟中举，后经朝廷选拔，于康熙三十八年（1699）出任河北丰润知县。上任伊始，王梦麟立即向民众发誓："某膺天子之命宰斯邑，倘不洁己爱民，稍存私家念，骸骨不得归故土。"

为了取信于民，实施自己勤政爱民的为官理念，王梦麟"建义塾，赈孤乏，课士子，尊高年"，革除苛捐杂税，不容胥吏盘剥百姓，锄豪强，审积案，不徇私情，凡对百姓有利之事，无不尽力为之。其勤政爱民的官风、官德，得到吏民的广泛支持，无不"爱之如慈父母"。

王梦麟在丰润的第二年，恰逢该县发生蝗灾。面对稻田庄稼被铺天盖地的蝗虫吞噬，王梦麟感到心隐隐作痛。若不迅速采取措施，农作物势必荡然无存，给民众造成更大的损失。于是，他摒弃骑从，亲自到田间地头视察，见到蝗虫就"身先掩扑"。王梦麟的行动感动了四周的吏民，人们照样学样，竭尽心力去捕杀蝗虫，即令是其蝻子遗孽，亦不放过。正是在王梦麟雷厉风行的督导下，丰润民众奋起灭蝗，致使这场突如其来的蝗灾消弭于无形。

王梦麟亲力亲为、劳苦功高的行为得到丰润民众很高的赞誉，百姓感其恩德，亲切地称其为"捕蝗知县"。王梦麟灭蝗的事迹在民众中广为传颂，连身居北京九重宫阙之内的皇储——后来的雍正皇帝胤禛也得知了。王梦麟在丰润任职三年，惠政甚多，后因丁忧而返回故乡服阕。

离开丰润时，王梦麟带着三子一仆，赶着跛驴匆匆上路。一个当了三年的县太爷，既无漂亮的行李，又无"图书琴鹤"，出行如此寒酸，令人难以想象。行至河北磁州，王梦麟的行囊中白银不到四两。当考虑到回乡尚有万里行程时，他不禁悲从中来。这时正好十九岁的长子王士俊变卖家产北上迎父，见父亲滞留在磁州的小旅馆中，穷蹙无告，景况凄凉，不禁感触万千，提笔在旅馆壁上写下了"一官万里囊无钱，补被萧萧策蹇旋"的诗句。在进入贵州地界时，王家父子又遭遇打劫。强盗对其收掠后，发现这位县太爷竟然不名一钱，感到十分诧异。当得知王梦麟是清官廉吏时，他们不仅不为难王家父子，反而出于钦佩而赠送银两。

这次北上，使王士俊对父亲有了深刻的认识。父亲为官清廉及高尚的人格，无疑对他人格的塑造及今后爱民恤民的为政之道产生了深远影响。

王士俊，字灼三，号犀川，康熙二十二年（1683）诞生于贵州平越牛场渚浒。据史册所载：王士俊天性聪敏，十岁能诗善文，年十九入平越府学。在父亲的教导下，他熟读律令，研习吏治，攻读经典，从而具备了治政的才能。康熙丁酉（1717），王士俊中举人，辛丑（1721）成进士，由此进入仕途。在选为庶吉士期间，王士俊在翰林院从事翻译清书的工作。

雍正元年（1723），清世宗胤禛登极，欲像父亲康熙帝那样有所作为，试图励精图治、大开言路，以此改变政治气氛，使国运隆昌。洞悉政治的动向，感应时代的脉搏，王士俊乘势而起，两次上书言事，建言关系国家大政方针利弊，所持见解精辟，均被皇帝采纳。不久，朝廷挑选翰林外用，王士俊以知州签发河南待缺。从此，他走上了一条勤政爱民的道路。

王士俊来到河南，就任许州知州。许州濒临黄河，每到汛期，堤岸常被冲破。为了加固堤岸，需要大量护堤的干草、柳枝。然而许州草、柳匮乏，民众穷于此供。加上近年来该地灾荒不断，市井萧条，经济凋敝，民生艰难。

到任之初，王士俊把调查了解地方民情、民困作为急务。他深入民间，访贫问苦，抚孤恤寡。为纾民困，他实施养民、利民的仁政，革除衙门买卖官价、国课重耗、派办物料等陈规。当他得知过去官府购买民众筑堤的塞河料物仅付其价值的一半时，认为极不合理。这不仅损害了民众的利益，而且打击了他们的积极性，亦不利于收购。于是，他将价格恢复到其值，并亲自按料物数量付给。这样一来，不仅增加了民众的收入，恢复了他们的元气，而且除掉了衙役胥吏弄虚作假、损公肥私的各种弊端。

第二年，王士俊兼管杞县政务。在治理杞县时，他沿袭过去治理许州时养民、利民的政策，取得了很好的效果。与此同时，他兴学育才，以培植人才为切务；他一度奉命审理宜阳疑狱，公正严明，办案认真，最终使真凶落网，无辜者全，致使一冤案得以平反。

祥符为河南首邑，政务繁杂，难以管理，巡抚田文镜认为王士俊精明强干，向朝廷推荐他兼管当地政务。王士俊离开许州上任时，百姓拥留，可见许州民众对他是何等的爱戴。

到祥符后，王士俊不顾吏仆劝阻，毅然免除该县应缴纳的堤工银二万余两。此举减轻了堤工的负担，得到他们的热烈拥护。有了堤工的支持，河防工程得以早日完成。

是年九月，王士俊随田文镜前往浙江、江南赈灾，所到之处，灾民均得实惠。被洪水肆虐后的祥符县，黄沙覆盖着地亩，绿色的生气全被扼杀掉了。民众无法耕种，仍要缴纳赋税。作为地方官的王士俊，感到自己重担在肩，责无旁贷，应该将民众的艰难困苦向上官反映。于是，他亲拟呈文，将自己的所见所闻及受灾的田亩、粮食的数量记录在案，希望上官豁免。当田文镜拿到这份奏折时，随即投向地上，痛斥王士俊"想要好名声"。王士俊从容拾起奏折，毫无惧色地上前据理力争，曰："官可不作，民命不可不恤。"其凛然正气的形象，以及体恤民困的情操，最终迫使田文镜同意减免税银，并下令开封府尹查勘地亩。

时新任布政使杨文乾刚莅任，就与田文镜一起把这份查勘受灾地亩的奏折向朝廷反映。经朝廷派员查证，得免地亩正额银二万二千余两。王士俊为河南民众做了不少好事，却得罪了上官。他十分清楚后果的严重性，感到自己在河南难以施展才能，于是有了托病辞官返回故里的打算。恰逢这时杨文乾晋升广东巡抚，前往北京觐见皇上。到北京后，杨文乾向雍正帝力荐王士俊"可大用"。

雍正四年（1726）元月，王士俊出任广东琼州知府，分巡岭西道，是年冬转按察使，次年二月罢按察使。之后，杨文乾因葬亲事宜北上京师，其巡抚一职由阿克敦充任。阿克敦仗着自己的皇族背景，结党营私，贪赃枉法，自然视具有清名的王士俊为眼中钉、肉中刺。最终，两人因黄江厂税银一案而矛盾激化，相互攻击，几至同归于尽。

黄江厂税库隶属于肇庆府，税库的主管李长茂，平时以役朋来管理该库，外人难以染指。布政使官达贪财好利，觊觎国库中的税银，便暗中指使库官陈成元向李长茂勒索规礼一千二百两白银。王士俊得知情况后，立即进行调查，然后将调查结果告知阿克敦，望其惩治法办。官达是阿克敦的心腹，叫阿克敦剪除自己的羽翼，无异于与虎谋皮。阿克敦为了庇护官达，故作姿态，叫官达自行提审。王士俊知其用心，再次要求改官严讯。阿克敦迫于舆论，只好改令自己的亲信按察使方愿瑛会审。

官达对王士俊的紧咬不放衔恨在心，于是反诬王士俊监收黄江落地税时贪污了一千二百两银子，企图以此消除自己的案子。阿克敦、方愿瑛一听大喜，立即拘捕王士俊，派人环而守之，对其凌辱虐待。时值深秋，王士俊仅着薄薄的葛衣，天寒难耐，兼之朝夕断餐，饥肠辘辘。他明白，阿克敦等人意在灭口无证，这样一来就可解脱官达贪赃枉法的罪行。王士俊不想向邪恶服输，仍想与阿克敦等人决一死战。他一面凭着顽强的意志苦苦撑持着，一面派人赴京，将阿克敦等人朋比为奸的罪状上报朝廷。

王士俊被捕的消息传入京城后，雍正帝鉴于案情不明，不好表态。出于爱才惜才，他一面下旨，云"王士俊为有用之才，此等小过，犹在可谅，当严加训饬，令其悛改"，以此保住王士俊的人身安全；一面又谕示内阁："近闻督抚等带往人员，在地方不甚相宜，以致流言不少。如杨文乾信用王士俊，广东阖省人心不服。令其回京。"

待雍正帝看到王士俊揭发的罪状，才真正了解到阿克敦等人的奸状，随即令广东总督孔毓珣和巡抚杨文乾复审此案。阿克敦等人最终受到国法的处治，王士俊则无罪释放，官复原职。不久，王士俊升任布政使。然而，王士俊与阿克敦的斗争并未就此完结，数年后又将有一场生死搏斗揭幕。

雍正九年（1731）五月，王士俊升任湖北巡抚。九月下旬，他进京叙职，得到雍正帝多次召见和赏赐。当雍正帝得知王士俊的父亲是昔日大名鼎鼎的"捕蝗县令"时，不禁感慨有加，由此对王士俊的清廉有了更新的认识。

在湖北任上，王士俊做了两件被人称道的事：一、禁绝馈送。按照官场惯例，旧有公费余剩的银两被总督和巡抚平分享用。王士俊则认为廉俸之外的钱财，都是不合法的收入，是导致腐败的诱饵。于是，他上奏朝廷，建议将此余款存库作为修堤的工程费用。二、在处理钟祥县聚众抗粮案时，他力求公平合理。在此之前，时任总督迈柱担任巡抚一职，他在办理摊丁入地税时，不以各州县原额人丁摊入各地之内，却把全省的人丁分派入各州县地亩，从而增加了一些州县民众的负担。钟祥县的地丁税由此增加三千余两，赋税加重使人心不服，导致聚众抗粮的事件发生。在处理这件事时，迈柱采取简单粗暴的方法，一面把抗粮之事向朝廷上奏，一面加紧镇压，致使七十多人冤死。事后，他还准备将抓捕的闹事者处以重刑。王士俊认为民众太冤枉，于是向朝廷奏明缘由，虽然没能救到那些为首的抗粮者，然而最终使省府收回成命，仍按各地原额人丁摊入该地之内的政策执行。

雍正十年（1732）十一月，王士俊升任河东总督。按照旧例，河东总督的职权范围专督黄河河道的安全，不干涉地方事务。王士俊刚正廉洁的声誉早已遐迩闻名，听到他将到任，山东、河南郡县的官吏们仍然心惊胆战，比惧怕该省的巡抚尤为甚之。为了避风头，官吏们一改过去飞扬跋扈的作风，谨言慎行，唯恐被人抓住辫子。偏偏有些贪官不怕死，河南学使俞鸿图就是扑火的飞蛾，他利用职权，以贿取士。其罪行败露后，王士俊奏请正法，闻者莫不股栗。

次年四月，王士俊兼河南巡抚，总领全省军政大权。雍正十二年（1734），因王士俊在河东总督任上政绩卓著，朝廷赐其孔雀花翎。此举开了清代翰林官督抚赐孔雀花翎之先河。

雍正十三年（1735）六月中旬，黄河泛滥，王士俊带领官民筑堤抗洪，抢险救灾。其殚精竭虑、不顾安危的奉献精神，在广大民众中树立了良好的形象。雍正帝为此称赞王士俊道："卿化无数万人身家性命以为福，此岂容易事？不但卿身受显荣，即子孙亦受荫无穷矣！"

自古宦海险恶，政治斗争残酷。王士俊治黄有功，却树敌太多，遭人嫉恨。是年八月，他万万没想到自己在河南推行的"垦荒劝捐"，变成了政敌攻击的口实。户部尚书史贻直参了王士俊一本，指责他"垦荒劝捐"是"毒臣之苛政"，是"借垦地之虚名，而成累民之实害"。王士俊因此被解任回京，署兵部侍郎。雍正十三年（1735）八月二十三日，信任和支持他的雍正帝突然驾崩，预示着王士俊的命运将要发生大逆转。

乾隆元年（1736），弘历登极改元。俗话说"一朝天子一朝臣"，过去一些失势的臣子又重新走上前台，成了炙手可热的人物。王士俊的宿敌阿克敦当上大学士，成了乾隆朝之干臣。阿克敦对往事一直耿耿于怀，自然不会善罢甘休。

同年四月，王士俊出任四川巡抚。在此期间，由于对国事的忧虑，他向朝廷"密疏四事"，没想到险些带来杀身之祸。"密疏四事"中到底写了什么，由于历史的原因，至今已无从窥其全貌。根据《贵州通志》《平越府志》等史料，仅可了解其大概：一、王士俊欲翻驳在河南时"垦荒劝捐"之旧案；二、认为大学士不宜兼六部尚书，各地督抚亦不宜兼各部尚书；三、各部办事预存一私，不论是非曲直，只专为迎合皇上之心；四、廷臣保举，多徇私情，更有甚者，借保举之名，行索贿之实。

乾隆帝阅过王士俊的奏折，大为震怒，立即将奏折发给王公大臣阅知。御史舒赫德趁机攻击王士俊，说他"奸顽刻薄，中外共知"；说他任河东总督时，"勒令州县虚报垦荒，苦累小民"；说他不思悔改，"丧心病狂"。

见皇帝如此憎恶王士俊，王士俊的政敌们自然不会放过这个大好的机会，群起而攻之，必欲置之死地而后快。部议决定将王士俊以"大不敬"罪立决。乾隆帝虽刚愎自用，但并不傻。思考片刻，他突然意识到如此惩罚王士俊，难服天下人之心，于是下旨"改斩监候"。

之后，乾隆帝发现王士俊所言四事击中了时弊，的确是为国家的前途着想。如果将这样一个忠于国事、精明强干的好官杀掉，自己将难洗昏庸之名。然而考虑到自己即位之初、羽翼尚未丰满，若不借重于前朝被压制多年的皇族势力，政权又难以稳定。再则，王士俊与人积怨太深，受讥受谤，亦不能留在朝廷任事。假如将他逐出朝廷，能平息朝中旧臣的怨气，又何必非把他杀掉不可呢？基于以上考量，乾隆帝于次年（1737）将王士俊赦免出狱，削职为民，饬令回籍。

王士俊返回故里后的情况，史志语焉不详。后人仅知他屡遭家难，囊无余赀，生活十分困窘。乾隆二十一年（1756），他凄凉地离开了人世。令人感慨的是，王士俊一生清廉、爱民恤民，为国家和人民做了不少好事，死后仅有昔日在河南时举荐的校官——时任云贵总督刘藻派人前来祭墓，赠金三百，周其子孙。

斯人已逝，竹帛留香。值得一提的是，除政绩卓著外，王士俊还为治地和家乡文教做出了以下贡献：雍正八年（1730），他在广东任布政使时，主修《广东通志》；雍正十年（1732），署河东总督兼河南巡抚期间，主修《河南通志》八十卷；他热爱桑梓，先后捐资修建平越县学。其著述有《河东从政录》四卷及《清流县志》十卷书稿存世。

王士俊少有诗名，惜其大多不存。所幸的是，《黔诗纪略后编》选入其诗《仿古》《改征》两首，其中《改征》一诗，其悯民、恤民的感情流露于字里行间，令人读后顿生敬意。其诗云：

> 国家惟正供，所恶薄生民。生民重南亩，非惟活一身。
> 饘粥与征赋，上以奉君亲。一亩定两税，银米适平均。
> 不忍尽征米，本意在爱人。立法防其渐，明教三五申。
> 税外加一物，罪在枉法伦。奈何岁月久，贪吏惟患贫。
> 忍以银折米，又以米代银。贵贱出其中，权量随曲伸。
> 私橐日益富，穷闾病孰陈。安得良有司，仰体圣主仁。

终其一生，不难看出王士俊是封建社会中的一位廉吏、良吏，其忧国恤民的高尚情怀，人神共知，天地可鉴。无怪乎《清代贵州名贤像传·王士俊》对其有如是评价："夫士俊才力雄肆，足以陵掩一切。生平宦辙所至，必以兴利救弊，推锄奸贪，忠清干济，百折不回，卓然为一代名臣所不愧焉。"

遵义文化世家宦氏

清乾隆十七年（1752），遵义士人宦儒章问鼎科场，荣膺进士。这突然降临的喜讯，在遵义城北屏凤山庄宦氏家宅引起了轰动与惊喜，犹如一块投向平静无波池塘的石子，荡起阵阵涟漪。一时间宦氏家宅大红灯笼高高挂起，爆竹声震耳欲聋，来来往往贺喜的士绅，门前停满了贺客的车轿，把喜庆的氛围推向了高潮。

宦儒章是当科遵义唯一考取的进士，才识兼具，学养深厚，其成功与遵义的经济发展、文教勃兴大有关系。当时，在贵州布政使陈德荣与遵义知府陈玉壂的倡导下，蚕桑业在遵义大兴，不仅带动了黔北地区的经济发展，而且刺激了文教的振兴。据《遵义府志》所载，乾隆年间，遵义四乡私塾遍立，"经行虽僻，无一二里无童塾声"。如此规模的启蒙教育，提高了该地区民众的素质，为之后道光、咸丰年间遵义人才辈出、世代不衰奠定了坚实的基础。

宦儒章，字含光。其先本姓关，元时避兵湖北黄州（今黄冈市），后转徙四川江津。明末张献忠屠川时，宦氏避乱落籍遵义。据史册所载：宦儒章"生而俊秀，天性孝友"，中进士后，授广西灌阳知县。灌阳地处桂林东北面，北连全州，南接恭城，西靠兴安、灵川，东与湖南道县、江永接壤。该县土地肥沃，物产丰富，自古以来，聚居着瑶族同胞。

灌阳县矿产十分丰富，邑西九龙岩盛产铅锌矿，奸民见有利可图，上呈官府，请求开采。九龙岩乃民众坟山所在地，开矿势必会损坏民坟。按照习俗，祖坟之所在，父母之荣誉，是神圣不可侵犯的。大凡掘人祖坟、詈人父母之行为，被人视为是践踏其自尊的大事，是无法容忍的奇耻大辱。为此，他们会不惜以死相搏，维护自身尊严。从古到今，这类事件引发的民众纷争和刑事案件屡见不鲜。宦儒章十分清楚开矿带来的严重后果，亦清楚自己作为一位地方官的责任，那就是不能为区区税银而去伤害民众的感情，从而破坏社会的稳定。于是，他排除干扰，力持不可而止。

在广西崇善任上，一个旧有的"柴马田例"进入了宦儒章的视线。该田例注明："民应派不足，杂以妇女轮充。"宦儒章深受圣贤之教，对这种苦民累民的政策十分反感，何况还"杂以妇女轮充"。在他的反对下，该田例被废除。有感于该县丽江书院狭窄，培育士子不便，宦儒章毫不犹豫地捐出俸禄，建崇山书院。

由于在灌阳、崇善勤于治政，卓有建树，宦儒章得内补太常寺博士，升吏部考功司主事。之后，其出任湖南桂阳知州，旋署永州知府。在桂阳任上，宦儒章建鹿峰书院，治政之余为诸生讲授，致使当地文教大兴；在永州期间，他率绅民迁建学宫，得到民众的好评。《遵义府志》对宦儒章有如是评价："儒章练达治体，所至人称神明，而忠恳廉洁，毫无矫饰。为文亦根本经术，年六十三卒。"

宦廷铨，字持平，号衡园，儒章孙。其"少好学，读书小楼，十年不下，有所思，至忘寝食"。宦廷铨于清嘉庆六年（1801）选为拔贡后，更加矢力于学。次年，参加壬戌（1802）乡试，中举，后授印江县教谕。

嘉庆十七年（1812），印江遭遇饥荒，"斗米三千钱，人食树皮草根皆尽"。面对百姓的苦难，宦廷铨挺身而出，恳请县令打开粮仓，赈济灾民。见其不听，宦廷铨自捐三百金（银）为民购粮。在其影响下，当地绅耆纷纷效尤，"共得数千金，贵买贱卖，以济穷者。及金尽，新麦以登，民全活甚众"。不久，印江瘟疫流行，死者相藉，其惨状令宦廷铨不忍卒睹。有感于斯，他又"倡捐施棺，顾木不继，以草荐（用草卷为筒状），又不继，但掩埋，先后不下数万，家以此中落"。其如此恤民爱民，得到百姓的称颂。

宦廷铨在印江的善行义举传到省城后，大吏以知县荐。然而此时他已身患重病，于是婉言谢绝，以病告归。不久病逝，时年五十七岁。

宦儒章、宦廷铨的才学德行，深深地影响了其后人，其子孙步武先人，奋发图强，成为遵义久负盛名的文化世家。

峨眉、南部"王青天"

清代乾嘉之际，政治腐败，贪污成风，统治阶级疯狂聚敛财物，兼并土地，人民处于水深火热中，无以为生。在这阶级矛盾和民族矛盾日趋激化之时，声势浩大的白莲教起义应运而起，席卷川、陕、楚、豫四省，历时九年之久，给清王朝以沉重的打击。曾任四川峨眉、南部两县县令的王赞武，在无官不贪的黑暗时代，牢记儒家"民本"思想，以清正廉洁的官风、救恤民困的心怀，赢得了人民的爱戴，被民誉为"王青天"。

王赞武，字建东，清乾隆八年（1743）诞生于贵州兴义府兴义县（今兴义市）一个殷实富裕的家庭。人们常说：人一生的作为，常与他早年所处的环境、所受的教育有关。王赞武生活在贵州与云南交界的兴义，当地崇山峻岭，绵延起伏，交通不便，经济落后，人民的生活十分贫穷。王赞武虽然是富家子弟，但从小与贫苦民众有过亲密的接触，同情他们的境遇，了解他们的疾苦，加之自己熟读圣贤书，深受儒家"民本"思想熏陶，对劳苦大众极有感情。据史册记载，王赞武"性倜傥慷慨，好施与，貌魁杰，臂力过人"。在当秀才时，每逢家中收债之日，王赞武一定亲自前往。如果得知债户手头困窘，便酌情减其租金；假若了解对方的确无钱还债，便学《战国策》中的冯谖，"焚其债券"，一笔勾销。如此襟怀，如此侠义，自然得到乡里的赞誉。而王赞武对家乡最大的贡献，莫过于振兴文教。由于痛感家乡文教落后，他创建书院，招收生童，捐资设课，为他们营造了一个良好的学习环境。这些生童不负所望，毕业后大都成为国家有用之才。

乾隆三十一年（1766），王赞武乡试中举，时年二十三岁，后经朝廷铨选，分发四川峨眉任县令。在此任上，王赞武革除坑民、害民的弊政，打击为害乡里、鱼肉百姓的胥吏、豪强，解决百姓吃饭穿衣的问题。他刚正不阿、亲民恤民的官风，赢得了百姓的支持和赞誉。

治政之暇，王赞武常常坐着轿子来往于街巷，与民众谈心，了解他们的思想，鼓励务农种桑，改善生活条件。对那些诉讼的民众，他如同父亲对待子女一样，耐心地剖析是非曲直，使之心悦诚服。

王赞武十分重视治地的民族团结，关心少数民族的生活。县境中有个叫大堡的地方，散居着少数民族拉祜族。这些拉祜族人性格强悍，不事耕作，全靠外出劫掠偷盗为生，为害周边地区。王赞武亲往大堡，为他们口讲指画，联络感情。在他的循循善诱下，拉祜族人改变初衷，愿意听从安排。王赞武见他们愿意耕作，便"借籽赊牛"，使其开垦荒地，并为其划定土地界路，建造村落，"升科编户"成为土地的主人。为了改变拉祜族人的经济收入与生活习惯，他又招募懂得农耕技术的汉人到大堡落户。经过这些汉人的艰苦创业，开辟良田五千余亩。汉人的到来，不仅没有激化民族矛盾，相反使他们之间相互了解、相互学习、取长补短，努力改变当地的落后面貌。

不久，西藏发生动乱，清兵前往征讨。峨眉县奉命运送军粮。在运粮途中，常常要经过少数民族地区，会遇到那些啸聚山林的"蛮夷甲霸"侵扰。每当这时，王赞武便通过翻译告诉对方：这是国家的军粮，抢劫不得，如果缺少粮食，我可以帮助你们。这些少数民族久闻王赞武的大名，知道他是一位清正廉洁的官员，不仅不难为他，反而护送他出境。一直到战事结束，王赞武所督运的军粮从未发生过被劫之事，可见他在少数民族心中的崇高地位。

峨眉县任上，王赞武勤于政事，清廉自守，关心民众，爱护民众，与过去那些肆虐民众、鱼肉百姓的贪官污吏有天壤之别。百姓感其恩德，敬称他为"王青天"。

父亲病逝后，王赞武赶回故乡守孝。清嘉庆元年（1796）十月，川中达县王三槐领导白莲教首义，四方民众纷纷响应，破城摧堡，其势迅猛，官军莫敢撄其锋，川东、川北不少州县相继陷落，官绅富户纷纷逃窜。清廷大为震动，慌忙派大军前去剿抚。在这场腥风血雨的搏杀中，教军不仅没有被消灭，势力反而越来越大。

南部地处川北要道，为东南要害之地，"地脊民顽，号称难治"。川省督抚这时突然想到了王赞武，企图利用他清官廉吏的人格魅力去影响川北民众，切断他们与教军的联系。在调王赞武任南部知县时，上官心存疑虑，担心他畏惧教军不敢赴任。在征求王赞武的意见时，没想到他豪情满怀地说道："武存南部存，武亡南部亡，何惧之有！"

嘉庆四年（1799），王赞武临危受命，风雨兼程，补任南部县令。南部民众听到这个消息，无不欢欣鼓舞，奔走相告："王青天来，吾属无忧矣！"上任伊始，王赞武迅速采取以下防卫措施：一、重视对敌情的侦察和收集；二、编保甲、重治安，以防敌方的渗透；三、修军器，固城防，时刻谨防来犯之敌；四、动员城中老弱妇女居守，派丁壮男子出外征抚；五、军民亦耕亦战；六、自己率队日夜巡逻，与士卒同甘共苦。由于举措得当，南部一跃而为防御教军的西北重镇。教军闻其大名，敬重这位"王青天"，相诫不要侵犯南部县。

是年，教军领袖罗其清，拥众数万，率大军由苍溪而西逼南部县界，结寨孙家梁，旌旗蔽空，呼声震地。罗其清曾为州役，深知王赞武为官清正，爱民恤民，于是告诫部属曰："不可伤南部一民，违者斩！"大军压境，给南部军民带来了巨大的压力。

王赞武明白教军中大多是苦难深重在死亡线上挣扎的贫苦农民，也明白是官府的横征暴敛导致了人民的反抗。但作为统治集团中的一员，他怎样才能"上不负君王，下不负黎庶"，这的确令他感到无以适从、左右为难。考虑再三，他最后决定以安抚为主，劝说教军投诚。为了表示自己的诚意，他仅以一个老兵牵马、一个童子举着"正堂王"的旗子随行，自己单骑前往教军驻地。教军见王赞武独自而来，始疑始惧，严阵以待，后来发现他后边并无军队跟着，才开营接纳。

王赞武"单刀赴会"的胆识，着实令教军上下吃惊不小，不少人环聚伫视良久，疑虑莫解地问道："王青天，何为至此？"王赞武仅问："朝廷赦尔辈以自新，岂不知耶？"答："知之。""既然知之，又为何不解散呢？"王赞武犹疑地问道。这时罗其清走上前来，悲愤地告诉王赞武："无可奈何耳！某等本以一时愤激，为官府所逼，抗拒以来，戕官杀吏，败坏至此。朝廷纵有好生之心，其如我辈疑阻不敢向前何？且某等室家败毁，父母妻子相继灭亡，祖人庐墓为之一空，归将焉依？与其骈首就戮以快仇雠之心，毋宁啸聚奔逃，求缓须臾之死耳。"王赞武闻之黯然，安慰道："无惧，我能丏（免）汝一死。"罗其清淡然笑道："呜呼！等死耳，为囚为贼，其罪一也。愿公勿再来营，公在此，某等绝不敢以一骑一矢相加。"

王赞武见其意志坚定，不为所动，便告诫不要伤害无辜百姓，然后告辞而去。临别时，为表敬意，罗其清派千人护送王赞武下山，当夜率众离开了孙家梁。

嘉庆五年（1800）正月，趁嘉陵江冬季枯水之机，在冉添元、陈得俸的率领下，五千教军从定远渡江后挥师西进，沿途州县纷纷告急。一路上，教军得到百姓的纷纷响应。十日后，教军拥众数万，走蓬溪，掠盐亭，折而北攻南充、西充，并蔓延至南部。所到之处，清军败北，总兵朱射斗（贵阳人）兵败被杀。教军乘胜前进，前锋抵达南部县境花牌坊。王赞武见势不妙，亲率两千兵勇日夜兼程以进，将花牌坊团团围住。在乡勇的呐喊和协助下，王赞武手持大刀带着兵勇直冲敌营，东冲西突，杀敌三百余人。教军惊愕之余，仓皇而逃。次日傍晚，清军饥饿难耐，部属以寻找食物恳求王赞武暂时撤退，王赞武却以"险要一失，恐不能御"而拒绝。但饥饿毕竟不能作战，出于不得已，他最终率部退守富村驿。

夕阳西下，暮色四合，清兵关闭栅门在驿站内稍事休息。这时突然传来教军卷土重来的消息，对此，王赞武不予理会。不久，探子又报，这下王赞武不敢怠慢，带刀步行前往查验，仅派壮士张某随行。走出栅门不远，王赞武发现街上火起，人影晃动，围聚一处。他感到有些蹊跷，于是大声追问。见对方不予回应后，他怒从心起，持刀向前。对方原是教军，见有人来斗，群起攻之，众矛攒刺之下，王赞武与张某寡不敌众，遇害身亡，时年五十七岁。

当得知被杀的人是王赞武时，教军伤心地抚着王赞武的尸体哭道："误杀吾父母！"为此，教军大营全体默哀，痛泣"王青天"。南部民众听到王赞武以身殉职的消息后，无不伤心掉泪，悲痛欲绝。讣告到了峨眉山，寺僧与士民为王赞武招魂，为其在山顶塑像祭祀。

　　一位被民视为"青天"的地方官，最终被人民起义的洪流所淹没，这本身就是个悲剧。王赞武一方面要维护封建法制和等级制度，为统治集团驱驰效命，输诚尽忠，对任何犯上作乱与离经叛道的百姓施以镇压之权；一方面又恪守儒家"民本"思想，关心民众，爱护民众，使那些在苛政下痛苦挣扎的民众有人的尊严，使他们能像人一样生活。王赞武企图在保民与镇压二者之间求得平衡，然而吃力不讨好。直到生命的最后一刻，王赞武始终没有弄明白的是：他维护的封建制度正是广大民众苦难的根源，亦是自己不幸之所在。

瓮安才人傅玉书

清代乾隆年间，贵州出了一位诗文兼擅、长于著述、精音律、撰传奇的文坛奇才——瓮安士人傅玉书。贵州诗人陈田（光绪进士）在《黔诗纪略后编》中，对傅玉书的诗有如是评论："诗古体近右丞（王维）、襄阳（孟浩然），近体近钱考功（钱起）、刘随州（刘长卿）。"进而认为：贵州著名诗人谢三秀（字君采）、周起渭（字渔璜）等，"均不以古文称"。而诗文兼擅者，唯傅玉书一人。

傅玉书不仅工诗善文，而且长于著述，其所著述的《黔风旧闻录》与《黔风鸣盛录》，曾被汉学大师阮元所校镌，风行海内；其所撰写的《鸳鸯镜》传奇，"感天人之变，明正邪之分"，被名公巨子所激赏，并传之于后世。

傅玉书，字素余，号竹庄，清乾隆十一年（1746）诞生于瓮安草塘下司一读书人家。祖父傅石臣，曾师从明朝遗老钱邦芑。钱邦芑系江南丹徒人，少有文名，与张溥齐名。明末清初，钱邦芑曾任永历王朝四川巡抚、贵州巡抚，与贵州籍高官郑逢元、名诗人吴中蕃交谊深厚。大西军孙可望盘踞贵阳后，钱邦芑弃官逃匿湄潭、绥阳、瓮安、黎平等地，后隐居余庆他山。黔中才俊敬佩钱邦芑名节，仰慕其才华，纷纷聚集他山，拜其为师，从而形成了"他山诗人群"。傅石臣承其教诲，受益匪浅。

傅玉书的父亲傅龙光，系乾隆中期秀才，平生喜爱程朱理学，笃行力学，至老不衰。傅龙光作文讲究思想意义，不喜华辞丽句及空话连篇，屡试文场皆失意而归。傅龙光精神可贵之处在于屡败屡战，从不气馁，七十岁时仍去参加乡试。他常对人言："遇不遇，命也！不应试则不仕，无义矣！"尽管傅龙光科场失意，但他却是位饱学之士，不仅是研究《周易》与《毛诗》的学者，而且是位诗人。他一生著有学术著作数种，并有《师古堂诗稿》传世。

傅玉书继承了祖父与父亲的气质与天分，从小天资聪敏，气质厚重，爱文爱诗，六岁即能吟诗作对，才华不俗。父亲常告诫他："读宋儒书，使人确然知圣人可学。"在父亲严格的教育下，傅玉书的才学识见日见突出，逐渐引起了当地士绅的关注，人们视其为儒者。

时值康乾盛世，文教勃兴，宋学、汉学大行其道。为统治需要，清廷"大兴官学，作养人才"，文教落后的瓮安亦呈现出繁荣景象，士人们纷纷向学苦读，试图在科举场上一显才华。父亲在科举场上屡遭败北，这对少年时代的傅玉书来说，无疑是件辛酸痛苦的事。为了完成父亲的未竟之业，他焚膏继晷，研习经典，经过不懈的努力，十七岁时考中秀才，随后进入县学深造。在县学中，他成绩优异，犹如鸡中之鹤，令人瞩目。少年得意，大都踌躇满志，自我膨胀。然而，傅玉书却毫无半点骄惰之情。他磨砺心志，志在功名，将宝贵的时间和精力投向了朱熹所说的"物所受为性，天所赋为命"之中，即研求天赋与人的性情资质之间关系的"性命之理"。

乾隆三十年（1765），傅玉书乡试中举，时年十九岁。不幸的是，在其后的科举之路上，他与父亲一样，幸运之神对他毫不眷顾，人生宝贵的青春年华就这样无休止地在科举场中进出虚度。人谓其"仆仆公车三十年"，在多次北上京师会试失败后，傅玉书被吏部选为江西安福知县，署端州府铜鼓同知。谁知官运不佳，三年后他又被免职返回故乡。

尽管仕途无路，时世艰难，然而为了谋生，傅玉书迅速调整了自己人生的方向，转向了空间更大、更容易施展才华的领域上来。令人意外的是，虽然官场失掉了傅玉书这样一位不起眼的小吏，然而文坛上却为此增添了一颗耀眼的新星。

返回故乡后，傅玉书已年逾半百。为了谋生，他先后在黄平星山书院与龙渊书院、镇远潕阳书院、贵阳正习书院担任教职。由于才高学博、道德高尚，他深受学子欢迎。当地士人亦慕傅玉书大名，无不以与其交游为荣。

从教多年，傅玉书为贵州培养了大批人才。教学之暇，他潜心著述。所著的《竹庄四书文》《古今诗赋文钞》《桑梓述闻》一经刊布，风行华夏，影响遍及海内士人。时人所言的"海内学子无不知竹庄者"，就是最好的明证。傅玉书所撰著的《黔风旧闻录》与《黔风鸣盛录》，"上至前明，下及当代，零篇剩句，无不甄录"，被贵州咸同年间大儒莫友芝称为"博综"。乾嘉年间汉学大师阮元对此亦十分欣赏，为此校镌出版。之后，傅玉书著述的《五经四子书拾遗》《象数蠡测》，特别受到贵州提学使翁同书及陕西巡抚陶廷杰等人的推重；其撰著的《桑梓述闻》被后人称为"能使乡邦文献赖以不坠，实邑中数百年仅有之一人而已"。

傅玉书对传统戏剧有着特殊的兴趣，尤其对南曲戏文的南剧情有独钟，并致力于南剧创作。其创作意图十分明确，那就是要歌颂忠臣烈女，鞭笞奸佞邪恶。他"尝感天人之变"，以"明邪正之分"，为此特撰写《鸳鸯镜》传奇，以当口诛笔伐之义。经过对明末历史及逸闻的研究，他将自己创作的题材锁定在明末忠臣杨涟与左光斗的遗事上。

《鸳鸯镜》传奇以杨涟、左光斗儿女婚姻的悲欢离合为主轴，以东林党人反对魏忠贤阉党为暗线，较为真实地反映了明末政治的黑暗、阉党的横行、社会的动乱及人民大众的水深火热，塑造了一批忠孝节义、品行端方的人物形象，有一定的艺术价值和观赏性。

乾隆三十八年（1773），傅玉书的《鸳鸯镜》传奇撰写完成，但未刊行。直至光绪二十一年（1895），其孙傅达源将《鸳鸯镜》校订出版，才使世人得以欣赏其才华。百余年后，时任礼部尚书的李端棻（贵阳籍）身处戊戌变法失败后谪戍新疆之逆境，受《鸳鸯镜》传奇中忠臣烈女精神之激励，"犹求索不遗余力"。由此可见，此传奇对后世影响之大。

傅玉书早年作诗师法王维、孟浩然、钱起、刘长卿，崇尚自然，追求寂静空灵的境界。其一生足迹遍及大江南北、黄河内外，祖国的山山水水扩大了他的视野，激发了他的灵性，其诗歌充满了幽奇、冲淡、沉雄多变的艺术风格。如《震天洞》一诗，描绘了贵州乌江惊涛骇浪、破峡而出、搏击江石的景象，令人读后如临险境，有魂飞魄散之感。其诗有句曰：

遥指前滩落冰雹，雪花如手随风旋。
群龙破峡走东海，众鹤出浴冲苍烟。
怒风震霆一时作，神色惨淡心俄延。

又如描绘扬州一带风光的《春日登广陵郡西浮图》，则又是一番境界。诗云：

春色满维扬，倚栏瞰大荒。楼台明雪霁，梅柳媚烟光。
水接吴门白，天连海浦黄。平山有胜迹，载酒一徜徉。

傅玉书继承了杜甫"穷年忧黎元"的思想，对害民、坑民的贪官污吏予以痛斥，同时对苦难深重的农民寄予深切的同情。在《荒村》一诗中，他控诉了官府的横征暴敛及搜括民粮，从而导致农民无以生存，纷纷逃亡，留下老翁和病女枯守荒村的凄惨景象。其诗有句云：

草木炊羹缶盂碧，榆皮作粉唇腭干。
从来此地称富庶，何为粒食珍琅玕？
去年无禾且无麦，虽有陈粟皆输官。

傅玉书是乾嘉时期瓮安的一代才人，是瓮安文化的领军人物。他以才华学识饮誉黔中，扬名华夏，更以在文学艺术上的求索精神赢得了后人的钦仰。在他的影响下，瓮安人文蔚起，人才辈出，成为黔中腹地的一个亮点。由于傅玉书在诗、史、戏剧等方面的成就，以及对当时瓮安及贵州文学的发展产生的巨大影响，《贵州通志》称其为"时海内学者无不知竹庄者"。

遗惠沙滩的"长山公"

清代咸丰至光绪年间，郑珍、莫友芝、黎庶昌以经学、小学、训诂、考据、诗歌、散文、地方志等方面的学术成就，崛起于贵州遵义东乡沙滩，赢得了华夏士人的普遍赞誉。他们的流风余韵影响并陶冶了数代黔北士人，给贵州文化注入了新的血液与内容。追本溯源，郑珍等人之所以扬名海内外，与沙滩文化的奠基人黎安理是分不开的。毋庸置疑，黎安理的教育和垂范影响了郑珍、莫友芝、黎庶昌等人，为沙滩文化的崛起奠定了基础。

黔北重镇的遵义东乡，是一个鱼米丝茶之乡，举目四望，岗峦起伏，林壑清幽。蜿蜒而来的乐安江，两岸的田畴沃野，散布其中的农家村落，给东乡增添了灵气美感；闻名黔中的佛教圣地禹门寺,隐没在回龙山苍松翠柏中,每日暮鼓晨钟、鸟鸣虫唱,庄严神秘,令人神往。

在禹门寺中有一振宗堂,环境幽静,适于读书治学,因此被山下乐安里(亦名沙滩)居住的黎氏家族所利用。自明末以来,黎氏便在这里设立家塾,以此教育族中子弟。

乐安里前临清流,后枕岗峦,河中的一形似琵琶的沙洲,被人称为琴岛,又叫沙滩。就是这个小地方,自清代乾隆朝之后,文化勃兴,人才辈出,以"汉学"成就为世人所瞩目。

黎安理,字履泰,号静圃,晚号非非子。其幼时家境贫寒,屡遭继祖母夏氏虐待,几至于死。父亲黎正训,廪贡生,因不堪夏氏之虐待,远走四川教书,母亲被其所逼,无奈栖身娘家。

黎安理自小嗜书如命,读书均用手抄,尤爱经史。为了养活全家,他当过塾师和算命先生,当过挑脚苦力与游方郎中,在下层社会里苦苦挣扎。每当闲暇之际,他如饥似渴地阅读典籍,即使在纺纱时,亦不忘读书。经过多年的躬耕苦读,黎安理终于在清乾隆四十四年(1779)中举。然而在之后的文场角逐中,屡屡失利,直至清嘉庆十三年(1808),由吏部大挑,选授贵州永从(今从江县)儒学训导。三年后迁升山东长山(今邹平县)县令。

黎安理早年历经苦难,对社会下层的疾苦了解甚深,加之深受儒家思想熏陶,胸怀"穷则独善其身,达则兼济天下"的人生理念,步入仕途后,力求做一个人民称道的清官、好官。上任之初,时值李文成在河南滑县起义,河南、直隶(今河北省)、山东大为震动。长山县地处青州、登州、莱州交接之要冲，为义军、官军必争之地。面对如此严峻的形势，黎安理处乱不惊，保护无辜百姓，关心民间疾苦，平反冤狱，将各种祸患消弭于无形之中。

由于身罹病痛，他辞官归里。挂冠之时，正值长子黎恂任浙江桐乡知县，黎安理于是取道江浙，看望儿子，趁此观其政教官风，游览吴越胜迹。行途中，黎安理回顾了自己从政的感受，即兴写了一首《解长山令》的诗，流露出厌恶官场的思绪，描绘了一位两袖清风的寒儒形象。其诗云：

> 宰官滋味尽咸酸，依旧寒儒此挂冠。
> 晚照一鞭旋马首，清风两袖上渔竿。
> 鹊华秋色霜前别，淮海春帆雨后看。
> 再莫回头望长白，逍遥稳过子陵滩。

归田后，为了生计和教育子女，黎安理投身教育，大半生在禹门寺振宗堂黎氏家塾授徒，由于教导有方，督课甚严，弟子大多有所成就。其长子黎恂、次子黎恺、孙黎兆勋、外孙郑珍，亲聆其教，后来成为"沙滩文化"的中坚分子。与此同时，黎安理喂猪养鸡，教育孙辈，以此颐养天年。乡人非常敬仰这位方直刚毅、道德高尚的长者，无论老少均称其为"长山公"。

嘉庆二十四年（1819），十四岁的郑珍随父母迁来乐安里，这时外祖父已近古稀之年。郑珍常听父母谈及外祖父过去的种种遭遇，以及高尚的品格，并知外祖父学养深厚，因此时常持书向其请业。黎安理对其谆谆教诲，使郑珍深受教益。令郑珍印象深刻的是，外祖父病卧在床时，仍强撑病体为其说经解字，那洪亮的声音，竟然使手靠的茶几嗡然共鸣。就在这一年的冬季，黎安理与世长辞，享年六十九岁。

黎安理一生著有《四书蒙讲》《论语口义》《自书年谱》《梦余笔谈》《锄经堂诗文集》若干卷。黎安理经易研究极深，诗文亦有造诣，曾国藩四大弟子之一的张裕钊对黎安理有如是评价："制举之文（八股文），上逼国初诸老。"

张裕钊在黎安理的《墓志铭》中，对其身世、节操给予了很高的评价，认为那些彪炳史册的"孤臣孽子"，他们的"奇节至行"及所经历的苦难，与黎安理相比，还有一定的距离。其文曰："君生平遭遇不幸，人伦之变，毒酷惨绝之境，萃于一身，而处之壹无不尽，自史传所记孤臣孽子，奇节至行称于当时，而传诵百世，其困踬危苦或未至是，此天下之至行也。"

经师、人师翟翔时

古人云："经师易得，人师难求。"换言之就是：学识渊博，为人释疑解惑的先生容易找到；品格高尚，可做人们表率的老师却难以寻求。

贵山书院是清代贵阳最负盛名的书院，其渊源始于明代的阳明书院，创建于清康熙十二年（1673）。百余年间，贵山书院一直由学识渊博的学者主持，为举人、进士的摇篮。乾隆年间，在陈法、张甄陶、艾茂"三先生"的主持下，人才辈出，历久不衰。

清代乾嘉之际，贵阳人何泌、翟翔时相继入主贵山书院，两人继承贵山书院的优良传统，以其渊深的学识、高尚的人格，

"躬行实践教人，教法修明，学校整饬，士行蒸蒸日上，文学科名亦日盛，贵阳人士遂冠于西南"。何泌、翟翔时先后主持贵山书院达二十余年，诸生考取进士、举人百余人，其中不少人跻身于统治阶级上层。可谓成绩骄人，贡献巨大。

翟翔时，字审庵，号悦山，清乾隆十九年（1754）诞生于贵阳一士人家庭。翟家祖籍毕节，世代向学苦读，诗礼传家。自翟翔时的伯父翟齐亭中举后，子孙簪缨相继，成为望族。

翟翔时少有令誉，七岁能文。稍长，博览群书，于经学尤长《尚书》《左氏春秋》。据史册记载，翟翔时与长兄翟致庵情趣相投，早年攻读经学，"朝夕攻苦，安贫绩学，相砥砺如师友"。之后，翟氏兄弟试才文场，双双成名。

乾隆四十三年（1778），翟翔时举孝廉，结识了嶔崎磊落、豪气纵横的县试同年生刘清（名列"黔中三奇男"）。两人一见倾心，相互欣赏，遂订为金石之交。次年秋闱，翟翔时以毕节学籍中举。

翟翔时天性纯孝，孝顺父母。乾隆五十二年（1787），他护送父亲北上京师候职，一路上亲自料理父亲的衣食住行，关心备至，十分周到。在京城居住时，由于父亲体态肥胖，乘车不便，他便扶掖出入，应酬宾客。在不知情的人眼中，他往往被人误认为仆役。

次年，父亲选授湖南嘉禾县令，翟翔时亦以大挑二等补任贵阳府学训导一职。就在这一年，父亲病逝任上。翟翔时闻此噩耗，哀毁骨立，几不欲生，亲往嘉禾料理后事，扶榇归葬贵阳。

父亲逝去，家庭的重担便落在翟翔时的肩上。一个小小的学官，俸薪微薄，事务繁杂，既要奉养母亲，又要照顾弟弟，面对困窘的境况，他毫无怨言，勇于担当。

乾隆五十三年（1788），钱塘人王湛恩任贵筑（今贵阳市）县令，欲励精图治，大有作为，听说翰林院编修何泌辞官返里，感到特别高兴。他久仰何泌擅长文史，工于诗文，不仅学养俱优，而且热心文教，于是礼聘其任贵山书院山长（院长）。

当时贵山书院学风散漫，诸生（秀才）不求上进。何泌深知：要改变这种状况绝非易事，如果没有学识道德堪称学子楷模的人来入掌教务，这种不良学风就难以根治。这时，他想到了乡试同年翟翔时。

在何泌的援引下，翟翔时于乾隆五十六年（1791）出任贵山书院监院（相当于现代学校的总务主任），负责诸生津贴费用和出入书院的事务。诸生对翟翔时"虽以师礼相事，亦鲜以师道相亲"。翟翔时每当见到学生时，总是谆谆地教导，教诲他们一定要树立大志，注重自己的行为道德，以圣贤之教来规范自己的人生理想。起初，学子们都认为这位监院迂腐不堪，好说教。然而时间一久，学生们发现翟翔时言传与身教一致，与那些假道学先生截然不同，于是转变态度，主动去亲近他，对其执礼必躬，求教必诚。

何泌对翟翔时十分信任，了解他的文史素养胜人一筹，道德人格亦是一流，于是将儿子何应杰送入翟翔时门下。在翟翔时的悉心教导下，何应杰于清嘉庆七年（1802）金榜题名，荣膺进士。何泌与翟翔时在贵山书院实行"躬行实践教人，教法修明"的教育方针，取得了令人瞩目的效果："士行蒸蒸日上，文学科名亦日盛，贵阳人士遂冠于西南。"

贵山书院之所以有此成就，还得提一提贵州学政洪亮吉。洪亮吉在贵州任职期间，抓教育，重教化，贵州文教勃兴，人才纷纷脱颖而出。他特别关注全省最负盛名的贵山书院，并大力支持何泌、翟翔时的教育改革。乾隆六十年乙卯恩科（1795），贵山书院有五十多人乡试中举。如此上佳的成绩，既得助于洪亮吉对黔中教育的大力支持，亦与何泌、翟翔时同心协力教学有方不无关系。

由于家庭贫困，翟翔时一面在贵山书院监院，一面设馆授徒。在此期间，他发现贵阳士人作诗缺少平仄方面的格律知识，常贻笑于大方之家。于是，他倾其所学，毫无保留地向学子传授作诗的要领。自此，贵阳精于诗律的士人渐渐多了起来。翟翔时的道德文章深受贵阳士人钦仰，于是有"悦山先生"之称。

嘉庆元年（1796），翟翔时选授普安学正。由于要侍奉母亲，他仍担任贵山书院监院一职。当时他与母亲分居两处，两者相距约二十里。每当公余之暇，他常去探望母亲。一日，母亲有病，翟翔时驰往侍疾，恰逢这时云贵总督勒保有要事相召。翟翔时竟然置总督征召于不顾，慌忙赶往母亲住处，尽心侍奉，直至痊愈后才返回贵阳。勒保得知翟翔时心系母病，以孝为先，不仅不以为忤，反而更加敬重，还特地将儿子英麟送往翟翔时门下受教。

嘉庆二年（1797），贵州南笼府（今安龙县）爆发了韦朝元、王囊仙领导的布依族农民起义，转瞬间形成燎原之势。起义军先取南笼普坪，进围府城，后转攻册亨、普安、新城（今兴仁市）、永丰（今贞丰县）等县城，围归化厅，然后挥师前进。

为响应韦朝元、王囊仙的起义，广顺（今长顺县广顺镇）、定番（今惠水县）、长寨一带的各族人民闻风而起，聚众万余人，取得了坝阳汛大捷。官军大败而逃，退守广顺，致使贵阳门户洞开。

形势逼人，贵阳危在旦夕，清廷责令勒保负责贵州军务，率军驻防贵阳，巡抚冯光熊屯军安顺，应对危局。正在这时，又传来了坏消息，安平县（今安顺市平坝区）所属的羊西十三寨少数民族与当地屯堡的汉人发生冲突。

羊西十三寨地处贵阳与安顺之间，战略地位十分重要。当地的苗民平素老实守法，勤于耕作，开垦了上万亩良田，没想到附近屯堡中的奸猾豪强对此觊觎已久，意欲以叛乱之罪诬陷他们，并霸占其土地。苗民得知消息后，又气又怕，惊慌失措。于是一些苗民建议制造兵器，杀尽屯堡人，然后与韦朝元、王囊仙的西路军会合。

当翟翔时得知情况后，非常忧虑。他不愿意看到民族之间的仇杀，不愿意看到邪恶之人的企图得逞，更不愿意安平、镇宁、广顺、定番、贵阳、安顺等府州县的人民遭受战祸。考虑再三后，他一面驰书给安平的好友宋万清，请他尽力调解双方的矛盾；一面去见勒保，恳请以抚慰为主，毋使矛盾激化。

勒保了解到冲突的缘由后，便采纳了翟翔时的建议，派员速制文告数千道、良民旗数千枚，交与翟翔时。翟翔时立即派弟子宋邵谷、毕南英赶赴羊西，将官府的旨意告诉当地有影响的人士，再分别前往安南、长寨、广顺、定番，反复劝慰民众。羊西的苗族同胞得知官府不支持屯堡人后，便毁其兵器，表示效忠清廷。安平安定了，韦朝元、王囊仙的起义军就失去了有力的支援。一场暗潮汹涌、后果严重的民族纠纷，就在翟翔时出色的斡旋中消于无形。

嘉庆十一年（1806），翟翔时升任贵阳府学教授，未及履任，又因母亲病故而去职。两年后，何泌病逝，贵山书院山长一职空缺。这时，山东济宁人孙玉庭巡抚黔中，敬重翟翔时学识，便礼聘其为贵山书院山长，并与其折节定交。

孙玉庭离任，鄂云布继任贵州巡抚。临行前，鄂云布曾向孙玉庭咨询过贵山书院的山长人选。孙玉庭告诉他："经师乎不乏巨绅，必求人师，则悦山先生也。"于是，鄂云布多次拜访翟家，请翟翔时出山任教。翟翔时见新巡抚以诚相待，礼意殷切，便重主讲席。

嘉庆十五年（1810），翟翔时因病辞讲。不久，这位被人誉为"人师"的教育家与世长辞，时年五十六岁。

翟翔时一生以教育为职志，以培养人才为理想。据有关资料统计，其弟子中，"从军炳著功名者十余人，至于词林（翰林院）、举乡试者四五十人"。如此不俗的教绩，不愧为贵州乾嘉之际的教育家。

翟翔时不仅对贵州文教贡献甚大，而且对其家族亦贡献有加。在其带动下，弟、侄辈勤奋苦读，多有成就。其侄翟锦观，早年深受其教诲，后来考中进士，任翰林院编修，历官至福建按察使。翟锦观一生为官清廉，审案勤慎，为治民爱戴。后主讲贵山书院，以善教为门人所尊重。

翟翔时病逝的消息传出后，翟锦观"涕泗呜咽，两目尽肿，不能成语"，好友刘清"哀不自胜。盖交先生最久，知先生最深，故痛先生为独至也"。

李渭

越其傑

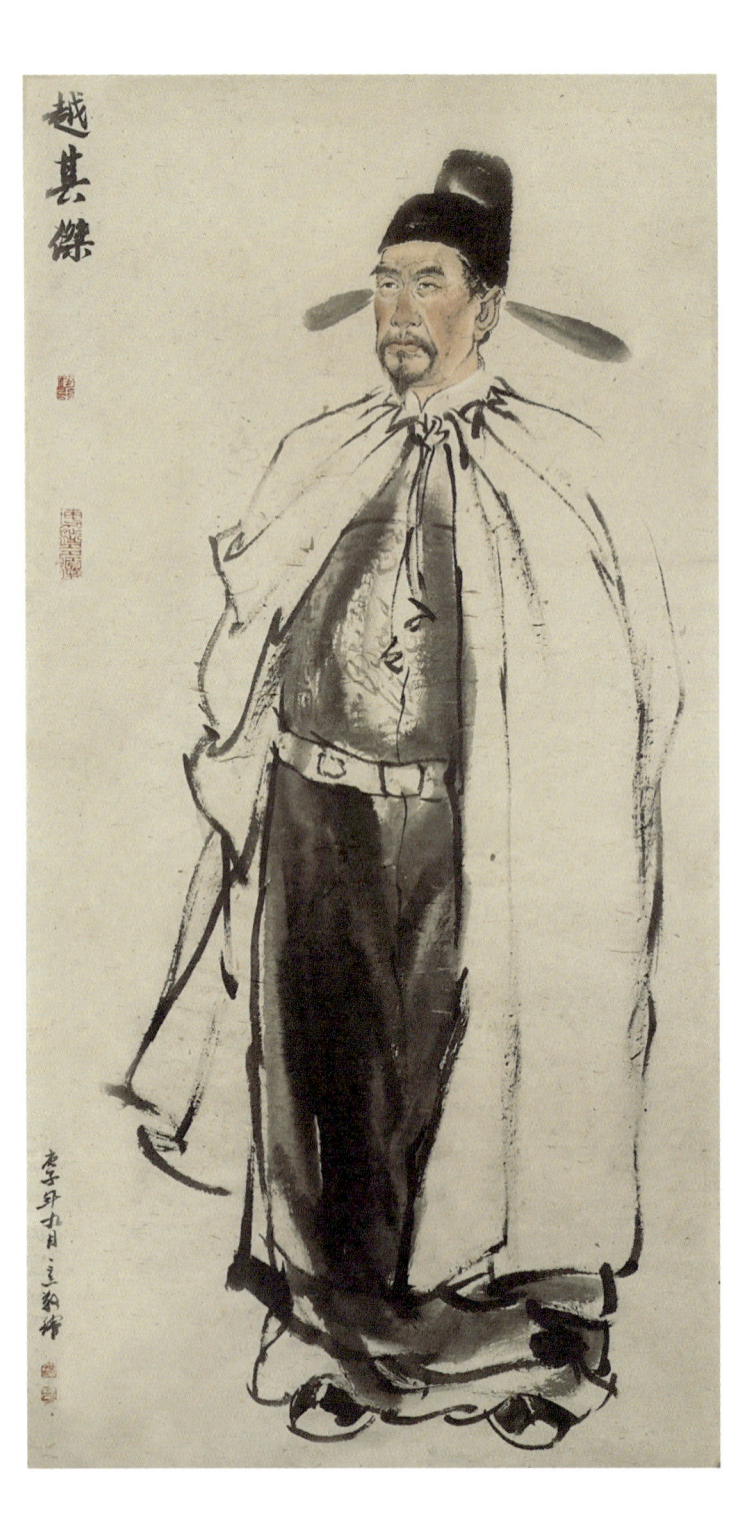

楊文驄

何騰蛟

鄭逢元

吳中蕃

周鐘瑄

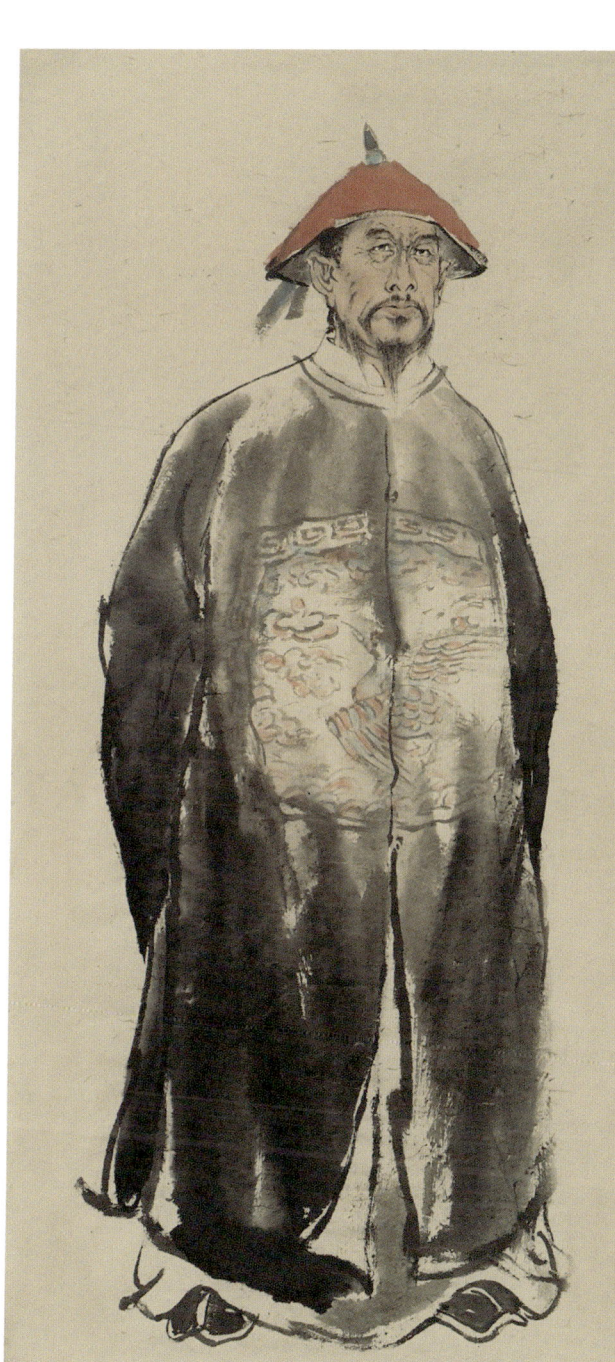

傅玉書

黎安理

庚子年七月
主啟禧書於偶上齋

高廷瑶

鄭珍

莫友芝

華聯輝

庚子年一九敬梓於南京

何威鳳

庚子年九月 一峰敬繪

雷廷珍

堂之藝凌

严寅亮像

壬午年十月一日敬绘于西三轩

吏畏民怀的高廷瑶

清代乾嘉年间,贵阳人高廷瑶活跃在安徽、广东的政坛上,以清廉公正、恤民保民的官风,赢得了朝野的赞誉。在高廷瑶嘉言懿行的影响下,其子孙步武先人,克承家风。经过几代人的奋斗和发展,其家族一跃而为贵阳的朱门大户。

据《新编贵阳高氏渤海堂族谱》所载:高氏先世系"江西吉安庐陵县竹牌巷人士",入黔始于明初,落籍贵阳北衙(今乌当区新天寨),从事屯垦。在其后的四百年间,高氏以农为本,并在定番(今惠水县)、长顺等处扩置田产。清代乾隆后期,高氏以高廷瑶中举为起点,步入仕途,逐步成为封建官僚兼地主的大家族。

高廷瑶，字雪庐，又字青书。在父母的教导下，高廷瑶从小树立了问鼎功名的人生理想，通过阅读圣贤之书，从而领悟到儒家"修身、齐家、治国、平天下"的真谛。

清乾隆五十一年（1786），高廷瑶中举。对其而言，这是博取功名、扬名显亲的前进动力。为此，他面壁苦读，志在功名，然而四赴京师会试，均以落榜而告终。

科举这座独木桥走不通，今后将何去何从？这个问题常在高廷瑶脑中反复出现。由于家有田产在定番，他常来往于该地，因此结识了不少定番、广顺人。定番、广顺是黔南著名的产粮区，有"贵阳粮仓"之称。由于科场失意，苦闷彷徨，高廷瑶常踟蹰于定番、广顺的田间地头。广阔的田畴使他产生了一个念头：与其做一个默默无闻的穷书生，不如做大地的主人，做一个富甲一方的田粮大户。

清嘉庆五年（1800），南笼布依族民众反抗官府暴政，定番、广顺等地的青苗纷纷起事响应。为了安定产粮区，保证贵阳的粮食供给，官府征召高廷瑶随军剿抚。出于保护自身财产的考量，高廷瑶积极投身于这场剿抚行动中。动乱平定之后，朝廷论功行赏，高廷瑶因功赏六品顶戴。

嘉庆六年（1801），高廷瑶参加礼部考试，大挑一等，以通判用，就此进入仕途。他先后任安徽庐州、凤阳通判，凤阳同知，广西平乐知府。在皖十年，高廷瑶本着儒家"民本"思想，勤于政事，廉洁奉公，平反冤狱，恤民保民，充当了"民命屏障"，成为民众爱戴的好官。

嘉庆七年（1802）十二月，安徽宿州以王潮名为首的白莲教民造反，袭击并攻占了宿州城，戕杀官吏，抢掠商铺，焚烧街道，给州城民众带来了极大的经济损失。动乱刚刚平定，巡抚衙门特委派高廷瑶前往宿州代理政事，又令其征收本年百姓应交纳的四万两白银的钱粮税。

高廷瑶对此非常反感，认为百姓已经困苦到了极点，如若再对他们横征暴敛，无异于逼他们铤而走险，暴动造反。为此，他为民请命，向巡抚慷慨陈词，再三表明，百姓不是不肯交纳钱粮，只是因为"宿州春夏遭水，继以兵乱，（民众）逃亡不能耕作。今虽逃者渐归，而已失时，补种不足，当奏请豁免，不则缓征，以纾民力"。见巡抚大人犹豫不决，他进而言之："与其追呼无益，毋宁广施恩泽。"高廷瑶分析清晰，有理有据，巡抚不禁为之折服。为防范动乱再起，难以收拾局面，巡抚立即奏请朝廷，免除宿州钱粮税。

动乱过后，宿州城残垣颓壁，荡然无存，四处充斥着缺吃少穿、无处栖身的民众。此情此景，令高廷瑶十分难受。作为宿州的地方官，他感到自己有责任解除民众的困境。为此，他亲往抚慰灾民，给他们送去口粮，给他们盖棚居住。在查核每户的人口后，他又对灾民的安置经费等各项工作进行详细的调查与核算，查明尚需五千余两白银支出，便命下属如实上报。这时，几位幕客劝说他乘机多申报一些款项，可作他用。高廷瑶听后，正言厉色地说道："吾百姓疮痍未起，即实心实政犹恐不逮，更因以为利，何以上告君父、下对灾黎也？"其凛然正气使幕客面有赧色，顿生敬意。

高廷瑶有胆有识、处乱不惊。在宿州任上，一天夜晚，他独坐书斋，外边突然传来白莲教军逼近的消息，城外的居民闻讯后，在夜幕的掩护下仓皇出逃，哭喊声震耳欲聋，令人胆寒。消息很快传遍城内的大街小巷。居民惊惧不已，预料即将有大灾难降临。高廷瑶见状，知是奸人兴风作浪，制造混乱，企图浑水摸鱼。于是，他召集下属，镇定地说道："好巡守，吾卧耳。"果然不出所料，第二天一早，人们发现"四境寂然"，原来是一场虚惊。从这件事上，可看出高廷瑶见识过人。

在统治者的残酷剥削下，徽州及属下的休宁地区居住着许多贫穷的棚户。嘉庆十三年（1808），谣传一些棚户与教军联合，聚众闹事。为防患未然，清廷立即命文武大员率兵察访此事。安徽巡抚不敢怠慢，下令芜湖道徽州府派兵四百协助剿捕。

高廷瑶知是坏人作祟，陷害无辜棚户，于是向巡抚请求驻兵县城。当时，由于担心官军镇压，棚户纷纷逃往山中。为弄清事情缘由，高廷瑶单骑驰往山中，向棚户了解情况，确认他们并无谋反之意，随后考虑棚户的安置措施。为了保护这二十万棚民，使其免遭屠杀，高廷瑶认为最好的办法莫过于将其遣散，但如果同时驱遣棚民，势必酿成动乱。为此，他向上司提出十二年内分批遣散棚户回家的解决方案。之后，安徽巡抚将此方案上奏朝廷，最终成为定例。高廷瑶任凤阳同知不久，升任广西平乐府知府。

自古官场多凶险，高廷瑶在广西平乐任职时，因安徽旧案处理不当而降级离任。恰逢此时,两广总督蒋某知高廷瑶廉洁能干,才堪大用,便奏请朝廷恢复其原职。调广东后,高廷瑶历任肇庆、广州知府,署肇罗道。在此期间,他明理守法、清廉公正,办案认真,勤于调查,注重证据,平反冤狱,所至之处,吏畏民怀。上司对其亦十分倚重,视为国士。

在广州任上,高廷瑶始终不渝地遵循儒家"民本"思想,处处为民着想。他在粤东巡视时,恰逢东莞盗匪林狗尾聚众劫掠,村民不堪其扰,纷纷前往惠州告急。巡抚阮某令高廷瑶带兵镇压,命其驻军县城,在大街张贴告示,责令居民合力擒贼,勿使其混迹,又促县令重赏擒拿为首者。

有人亦劝说高廷瑶要严办闹事者。对此,他厉色回答道:"贼闻官军来已远飏,如君言是必按户搜索矣。夫良民以畏贼故求救有司,有司复不为剪除而更累吾民,是不死于贼而死于官也。诸君休矣!"随后,他极力请求撤兵,上司从其议。过了不久,林狗尾等九十余人全部就擒,高廷瑶秉公执法,首恶必办、胁从不问,赢得了民众的拥护。粤东人对此评价甚高,认为高廷瑶在广西平乐平冤狱,"活人多矣",如今来到粤东,是当地百姓的大幸!

清道光七年(1827),高廷瑶因病辞职还乡。返回贵阳后,他热心公益事业,建义塾,每年为学子提供束脩数十石;又资助穷困族人,使其免遭冻馁之苦。道光十年(1830),高廷瑶病逝于家中。

高廷瑶从政近三十年,对农业社会的中国及"民以食为天"

的传统观念有着深刻的认识，对于土地有着深厚的感情。因此，他的薪俸大多用在家乡产粮区定番县和贵筑县北衙两地购置田产上。据史料记载，经过高家几代人的经营，到了清末，仅北衙十三寨年收租谷一千二百担（约十万公斤）。于是，在贵阳民间有"高家的谷子"之称。

耿介刚直的张自信

遵义是黔中名城、黔北心脏，辖境广阔，地势雄峻，北横大娄山脉，南临浩荡乌江，东接武陵山脉，西邻赤水河畔；境内丘陵起伏，河流纵横，田畴村舍，星罗棋布，物产丰饶，人民殷实。由于历史人文的沐浴与熏染，加之秀丽山川的孕育和熔冶，形成了遵义人坚忍不拔、自强不息的"大山性格"，头脑清晰、思维敏捷的特质。本文主角张自信，就是遵义历史文化、山川地貌孕育出的优秀士人。

张自信，号任斋，清乾隆二十五年（1760）诞生于遵义一个世代教书为业的家庭。其幼时，父亲张文遂年事已高，家中又无劳力，为了减轻家中的负担，张自信便承担了家中砍柴、担水、养猪、放牛等大小劳作,由此懂得了生活的辛酸、稼穑之艰难。令人感动的是,每当他劳作之后,回家的第一件事就是读书学习。十岁时,张自信参加童试,其才华即为知府刘诏升所器重。二十岁时,他入补弟子员(县学生员),越发刻苦读书,肆力于学。人谓其嗜书如命,如若探听到某处有自己未见之书,便想尽办法去借阅,数日必记其要,终生不忘。长期不懈的攻读,使张自信学养俱佳,才华出众,逐渐为士林所瞩目,时人将他与陈怀仁、金章聘、余从龙合称为"遵义四杰"。张自信对此不以为意,关心的是"唯民生利病、世俗情伪,究心独切"。为表心志,他这么说道:"丈夫当以苍生安危为己任,沾沾笔砚,侥幸科名,何益于世?"

乾隆五十八年(1793),贵州学政洪亮吉视学黔中,主持当年遵义的岁试。考试结束后,洪亮吉审阅试卷时,突见张自信的文才不同凡响,惊异之余,选"上一等",并张榜公示。之后,洪亮吉接见了张自信,认为他是一块璞玉,稍事雕琢,将来必大放异彩。洪亮吉对其说道:"汝才力富健,养以纯粹成矣。资四十金入贵山,暇可朝夕质,何如?"在广大童生的眼中,贵山书院是梦寐以求的省城最高学府,是通向科举大门的金钥匙,而张自信得到学政大人的垂青,又资助其学费,可说是交了好运。意外的是,张自信以父母年老为由,婉言谢绝了这个千载难逢的机会。

乾隆六十年(1795)秋天,洪亮吉拟议举荐张自信为乡试第一名,但遭到主考官员的反对。对此,张自信毫无失意之感,十分坦然地说道:"吾艺自未精耳。"事后,他更加磨砺心志,奋发图强,经过不懈的努力,终于在嘉庆三年(1798)乡试中举。

清嘉庆十三年(1808),张自信以大挑一等签发云南知县。到云南后,按察使蒋攸铦以疑案试之。通过对案子的了解和分析,张自信以敏锐的目光迅速地找到案情的症结,然后用清晰的语言论证自己的观点,从而赢得了蒋攸铦的赞赏。一个月后,张自信代理新平知县。

到新平视事不久,通过几件案子的侦破,张自信显露出办案才能。第一件案子是这样的:一天深夜,一农夫被狗叫声惊醒,慌忙翻身下床,拿着木棍跑出家门。数天后,他的尸体在数里外的山谷中被人发现。在一般人眼中,这个农夫是从山上跌下致死的。然而经过尸检,却发现死者身上多处被石头所伤,而有一处却是铁器所伤。在张自信看来,跌伤与被石头、铁器所伤有明显的差异,显而易见,死者无疑是被人谋杀的。经侦察,逮捕了一个裹头巾的窃鱼惯犯,并从他家楼门角搜出一把倒立的血迹犹存的铁尺。审讯之下,窃鱼者立即招供。原来那天夜里,山寨中的几个窃贼邀约去偷鱼,手持火把来到鱼塘时,不料犬吠声大作,只见农舍中冲出一名男子,手持木棒朝他们就打。裹头巾的窃贼一看不妙,便拿着防身的铁尺迎了上去,趁其不备,将其砍倒,同伙趁势用石块将其砸死。为了毁灭罪证,窃贼们商量后,将其运到数里之外,然后投入山谷。

谁也没有想到,张自信在短短的时间内就将此案侦破,使罪犯认罪服法,"他到底有何神通,何以知道凶器所藏的地方?"

有人将心中的疑虑告诉张自信,张自信谦虚地说道:"此偶中耳。杀人者必虑家人知,仓促归卧,持柄登楼,必随手倒置门侧。唯急乃得之,缓则变矣!"

第二件案子的侦破,更显露出张自信有急智:某甲到县衙控告儿子的老师,说他杀害了自己的儿子,将其丢到旷野中。案子审理之前,某甲率领家人,手持武器跑到老师家闹事。

张自信闻讯后,立即赶到现场,只见观者如堵,秩序混乱。某甲气势汹汹,准备动粗将老师扭送公堂;而老师外表温雅斯文,早已被眼前的状况吓得魂销魄散。情况紧急,眼看就要失控,这时不远处的两个人突然引起张自信的注意。两人貌似无赖,行动鬼祟,不时耳语,不时转向某甲及其家人,随后现场掀起一阵波澜。张自信暗中派人将两人拿获,趁其惊魂未定之际,猛然喝道:"杀人者,汝也!"两人如同被雷击似的,顿时瘫软在地,如实招供。原来两人诱杀某甲之子后,为了转移目标,便唆使某甲诬告老师,随后又来到闹事现场观察动静。然而万万没有想到的是,聪明反被聪明误,竟然被张自信识破机关,落得个身首异地的结局。

新平县乃民族杂居的地方,辖境内民族矛盾时有发生,而且民族内部矛盾层出不穷。有这样两家少数民族,为争地而仇视了几代人,其中械斗致死者达数十人,历经十多位县令始终无法消除双方的对立情绪。张自信到任后,认为"不澈其源,祸未歇也"。经过调查,他得知双方的矛盾其实很简单,仅仅是因为新垦的地界不明,加上奸人搬弄是非所致。于是,他惩处奸人,为两家勘定准确的地界。张自信不偏不倚、公平合理的处理办法，得到两家的赞同。从此以后，两家和睦相处，"遂无斗讼"。张自信在新平任上仅半年，由于勤于职守、精明强干，而被上官调往宁州治事。

宁州地域辽阔，人民热衷于诉讼，加之前任知州沉溺于酒，不理政事，以致积案如山。张自信到任后，仅三个月，就了结新旧案件三百余件，使"积牍一空"。按照官场惯例，每年结案一百五十件的州、县官员，上官都将按照劳绩大小给予奖励。正因为有这样的规定，有关部门的一位官员趁机勒索张自信，说道："厚与我，与上考。"意思是"给我丰厚的酬金，我将许以上等考核成绩"。张自信素来鄙薄以贿赂谋升迁的无耻行为，更痛恨这种寡廉鲜耻、伸手要钱的贪官。他正气凛然地说道："吾自为民耳，岂为升官哉！"随后拂袖而去。

宁州文教落后，没有考核士人的规章制度，张自信到任后，立即制定章程，每月亲自前往考核士人。对那些贫困的学子，他予以资助；并将一些富裕寺庙裁削下的钱财资助书院，以此鼓励士人向学之风。正是在他的关心下，宁州学子奋发向上，刻苦攻读。嘉庆十五年（1810），张自信担任乡试同考官，宁州学子成绩不俗，以优异的成绩予以回报。

张自信关心民间疾苦，在其就任宁州的第二年，一场饥荒悄然而至。面对严峻的形势，张自信开仓放粮，平抑物价，并赈灾济民，从而缓解了灾情。次年夏季，宁州久旱不雨，张自信"祷雨立应"。恰好此时下了"及时雨"，秋天竟然获得了丰收，稻穗生出了两支或三四支，民间有马产双驹，州署的梅、菊花谢后又开花。百姓认为这种异常现象是张自信贤明所致，于是作"四瑞诗"颂扬他的德政。是年冬，张自信卸任，士民时时来寓所探望他，彼此之间亲切交谈，形同家人父子。张自信想了解自己在宁州治政的得失，自己在人民心中印象如何，便向访者问道："某在宁三年，不知屈抑人、庇纵人几何矣？"大家都说"无"。一位老吏感慨地说道："小人五十年为吏，未尝见如此官。大小讼何下千端，唯某某杖三十似微过耳。"

嘉庆十八年（1813）春，张自信赴成都听候任命。离开宁州时，一路上士民流泪饯行，场面十分感人。到成都后，他被差办粤矿。正值科场揭晓，突然一个人闯进官舍，见到张自信后匍匐在地，连声谢道："非先生成腐材矣！"张自信慌忙将其扶起，定睛一看，原来是宁州的刘生。通过交谈，张自信得知刘生中了今科举人，不禁为之高兴。昔日刘生有才无行，屡教不改，后来又因官司而被除名。但张自信认为刘生并非无可救药，若能痛改前非，将来必能成器，于是为其解除罪名，暗地召至家中，痛加责备，多方疏导。刘生由此改过自新，敦品笃行，经过勤奋努力，终于成了今科俊秀之才。从这件事可以看出，张自信对犯错之人，不是一棒子打死，而是给他改恶从善的机会，然后引导他走上正路，成为社会的有用之材。

嘉庆十九年（1814），张自信代理云南南宁知县，上任伊始就接手一件大案。由于当初上报的案情有误，株连数百人。前任不做调查核实，便不了了之。张自信到任后，将案情查个一清二楚，仅惩处了确实有罪的几个人，其余被诬告者均予平反。张自信这种敬畏生命的办案风格，与那些草菅人命的酷吏的残忍作风形成了鲜明对比，因此得到百姓极高的赞誉。

蠹吏韩春与土棍"通城虎"系南宁县的两霸，平时横行乡里，鱼肉百姓，官府亦无可奈何。为了打击邪恶势力，给百姓一个立身安命的良好环境，张自信暗地搜集韩春、"通城虎"的罪证，然后将其法办。从此，南宁民心安定，秩序井然。

嘉庆二十年（1815）春，张自信解任，又被委派到发审局，负责审理省局及各地要案。这时积有一件悬案：云南武定州一位姓施的书生，状告其兄被人殴打致死，官司打了两年，始终未能结案。施某擅长词讼，将案子告到了省城。上官属意张自信重新审理。经过调查核实，张自信发现施某的哥哥是军人，死前曾与同营士兵殴斗，不久猝然死去。为了搞清真相，张自信开棺验尸，发现死者身上并无他伤，却布满了毒疮斑痕。经法医验证，其致死的原因是毒疮大发。在铁证面前，施某最终诚服。是年秋，张自信代理云南禄劝知县，政务之余，常与士人课文讲业，兼训诸子，自是已有辞官归林之意。

嘉庆二十一年（1816），由于赏识张自信的治政才干，并同情他久居下陈的处境，观察宋湘极力向上官推荐，恳请以首县之位委之。对此厚意，张自信却婉言谢绝道："某欲去久矣，待实授博考妣封章耳。某素质直，安能委曲当上官乎？"是年冬天，张自信补河西知县。

河西与宁州接壤，民众得知张自信即将到来，无不举手相庆。张自信进入河西辖境时尚未天明,民众蜂拥而来,拦轿送水,以示敬意。尽管张自信十分感动,但为了表明自己的清廉,却以"若不闻,某不受暮夜物"而拒绝。上任之后,张自信力惩为害地方的豪强与蠹吏,给百姓一个安居乐业的环境。次年正月,这位勤于治政、关心民瘼的良吏溘然长逝,享年五十七岁。民众闻此噩耗,如丧考妣,奔走相告,悲痛不已。张自信的灵柩经过宁州时,"香酒送者不绝于道"。

莫与俦在《云南河西县知县斯未张君家传》中,对张自信耿介刚直的官风有如是说:"遇上官侃侃指陈,不阿不避,虽不当意,莫能难也。同官王某善谀,君尝面斥之,数于上官短君。(上官)曰:'无求于人,故不畏人。吾且惮之,尔何言哉?'"可以说,这正是张自信人格的真实写照。

遵义骞臣世家

清代咸丰、同治年间,太平天国运动席卷神州大地。在西南一隅的贵州,刀光剑影,血雨腥风,全省几无完土,无一县瓦全,经济遭到沉重打击,城镇遭到严重破坏,人民惨遭浩劫。遵义骞氏有感于斯,应运而起,组团练,抗号军,成为黔北异军突起的一支重要力量。之后,骞氏儿孙们或以军功名于世,或以科举世其家,为其家成为遵义名门望族奠定了基础。

骞氏本是四川人,先祖骞义曾任过明代尚书。明末张献忠屠川时,骞氏避祸由重庆迁徙遵义,遂为县人。据史志所载:骞氏一度姓"李",究其原因,是与报恩有关。其远祖幼孤时,曾受李姓抚育,故为感恩而姓"李"。

《贵州通志·人物志》中有李栢小传，上面这么写着："乾隆甲寅（1794）副榜。原姓蹇，明尚书义后……读书，夜或束香照字，不以为苦。生平不作欺人事，数十年足不入城。邑令邓应台雅重其品，屡招之，卒不赴。道光九年（1829），臬司李文耕令各县公举贤良方正，邑咸举栢，栢固辞乃已。终身自奉清约，凡戚邻贫乏者，婚嫁丧葬必助之，人咸推儒宿。"由此可见，蹇臣之父李栢是一个品格高尚、乐于助人、洁身自好、不图仕进的士绅，无疑对其子孙有着深远的影响。

到了蹇臣这一辈时，蹇氏突然有了一个不成文的规定，那就是今后家人可姓"李"亦可姓"蹇"。

蹇臣，字仪轩，李栢之子。"臣幼警敏，志趣异侪辈，中道光辛巳（1821）副榜（贡生），乙酉（1825）举人，大挑二等，选授务川县教谕。"

咸丰初年，为响应太平天国运动，贵州爆发了各族人民大起义。清王朝惊慌失措，穷于应付，于是诏令各省举绅士兴办团练。贵州大府知蹇臣才堪大用，于是荐举。自此，蹇臣卷入了刀光剑影、血雨腥风的征战中。

清咸丰四年（1854）八月，桐梓灯花教主杨龙喜起义，陷桐梓、仁怀两县，进围遵义府城，将万人大营设在雷台山上。

援军久久不至，府城危在旦夕，面对官吏束手无策、百姓忧心如焚的情景，蹇臣深知坐困危城不是办法。经过深思熟虑，他驰赴各乡，召集乡人，得数百人，并申以大义，激发他们守土卫家之责任。

整合乡民后，蹇臣率领他们阻敌于三邱田，并派长子蹇谔带领团练驻守雷台山马家河一线的战略要地，以绝敌军往来通道。在其后的交锋中，蹇臣所部歼灭驻守水口寺的五百敌兵，将其头目李七王首级悬于金钱山上，以吓阻来犯之敌。

蹇臣爱民，是其思想光辉的一面；而以忠君镇压人民起义，则是其思想的历史局限性。

是年十二月中旬，四川提督万福率川军先后攻克桐梓、仁怀县城。迫于滇黔官军驰援遵义，杨龙喜焚烧雷台山后突围撤往黔西，遵义府城之围遂解。

咸丰五年（1855），杨龙喜旧部舒犬、邹辰保等人复叛，蹇臣长子蹇谔率练勇前往平叛，阵亡于桐梓柿冈。随后黄号、白号两军接踵而至，又将遵义府城围个水泄不通。遭受丧子之痛，又逢府城被围，蹇臣强忍悲痛，抖擞精神，投入府城保卫战中。在他的统筹指挥下，遵义府城得以保全。

蹇臣淡泊名利，热心公益。当初，官府以其军功荐保国子监学正，他婉言谢绝。由于痛感兵燹之后地方残破，蹇臣"倡建新城，设养幼堂，醵金（集资）立同仁会，拊循疮痍，与民休养，先后八年"。

咸丰十年（1860），次子蹇訚以军功授四川彭山县知县，蹇臣随之就养于成都。同治八年（1869），蹇臣返回遵义，不久病逝。

蹇臣晚年服膺"宋五子"（周敦儒、邵雍、张载、程颢、程颐）心性之学，勇于自克，老而益敛。在蹇訚任彭山令、茂州知州时，蹇臣常写信告诫他："居官、立身、治军、抚民之道，往复数千言甚备。"

之后，蹇訚因母丧返回遵义，恰逢此时川督骆秉章命令其率部援黔。蹇訚痛感三路援黔的官军"将帅不相下，事权不统一"，因此忧愤伤怀。蹇臣得知情况后，从四川写信给儿子，语重心长地告诉他，放弃"小我"，成全"大我"，时刻以桑梓民众为重。其曰："军务未大成效，私事甫毕，毅然终制（停止守丧之制），贻人口实。遵人陷于水火，先后数十年，今始稍苏，万一接手非人，贼来重遭屠戮，尔自问忍乎？"又曰："黔事颇形掣肘，如能委曲求全，为地方造福，当忍耐为之"，"汝若能慎终如始，保全地方，名利二字，都非所望"。

蹇臣有蹇谔（举人）、蹇訚、蹇詵三子，蹇谔"平乱"时阵亡，次子蹇訚以军功显，其事迹入《贵州通志·人物志》和《清代贵州名贤像传》。

蹇氏是遵义著名的世家，人才辈出，世代不衰。其子孙继承先人遗德，因时而起，其中最著名者有蹇念典与蹇念益。

蹇念典，字伯常，蹇谔长子，同治己巳（1869）举人，光绪壬辰科（1892）进士，分发浙江任职。据《续遵义府志》所载：蹇念典"慷慨敢任"，"于诸弟最长早达，蹇氏老辈独詵在。及詵仕蜀，事权一归于念典。晨起，宾客辐辏（聚集），诉事者、请托者、以诗文投贽（求见）者相率集于厅事。念典幅中徐步出，温语款接，各如意去。日晡（下午三点至五点）至祝鳌寺，寺故设善后、保甲、宾兴（文化礼仪）各局。诸局绅咸在事皆待决,顾念典为人公正爽直,义所不可,齮龁(毁伤、忌恨)不肯移尺寸。达官贵人或至,当面喝斥。而与人交,则有终始。布衣寒畯,悉与为礼。后进一艺之长,宏奖不遗余力。无何绅士中与有旧隙者摭拾(摘取)宾兴事控诸大府,狱连年不解,念典愤去,走京师,应进士举,获售(指考试得中),分浙江。假,归道铜仁,故人止。觞之,大醉死"。从上不难看出,蹇念典为人正直,爱憎分明,热心公益,排解纷争,有组织之干才。由于被人陷害,离开故乡,远赴京城申诉,没想到中了进士。不幸的是,蹇念典赴任前请假回乡省亲,在途经铜仁时,朋友为其接风,因饮酒过量,醉死席上。如此结局,实在令人嗟叹不已!

蹇念益系清末民初政治人物,曾任中国留日学生总会干事、众议院议员。其人生的亮点是与梁启超、蔡锷等人策划讨伐袁护国的"天津七人会议"。由于其不是进士、举人,笔者这里就不赘述了。

穷且益坚的周奎

清代乾隆、嘉庆、道光年间，贵阳士人周奎，在极其困窘的生存条件下，贫不坠志，穷且益坚，以圣贤之道身率其家，敦品力行，勤奋向学，在科举场上风光占尽，书写了"一门七进士"的辉煌事迹，被人誉为"黔南士族冠冕"，成为数代黔中士人所钦仰的偶像。这七名进士是周奎之子际华、际钊、际铨、际云，以及周际华之子周项、周颚、周灏。

周氏祖籍湖南祁阳，明万历中，其七世祖周允新官四川川北道，之后由毕节迁贵筑（今贵阳花溪区）南乡捕属里麟阳寨，世执儒业。清代乾隆后期，沉寂二百余年的周氏家族突然从贫寒的塾师家庭奋起，一跃而为黔中著名世家。这样的奇迹，一时传为佳话。究其原因，这与其灵魂人物周奎有着难以割舍的关系。

周奎，字照域，少时家境清贫，住的是不蔽风雨的茅屋，穿的是破衣烂衫，吃的是粗食菜根，过着平常人难以忍受的生活。对此困境，其父则以圣贤之教来勉励周奎，并告诫他：即令奇穷，亦不可废读，并督促其执经问难，发愤图强。在父亲的循循善诱下，周奎忍饥挨饿，面壁苦读。

父亲去世时，周奎年仅十四岁。由于家贫，无地葬父，他只好乞求乡邻，赏地而葬。苦痛的经历使周奎刻骨铭心，亦对他今后的人生产生了巨大的影响。鉴于家中上有八十多岁的祖父，下有年幼的弟妹，为了使他们免受冻馁之苦，周奎和母亲一道担负起家庭生活的重担。周奎常常上山砍柴，下田刈麦，稍有空闲，立即从袖中拿出书本阅读，即使经日不食，读亦不辍。

对周母而言，儿子的成才攸关家庭的命运，尽管家贫，她白天操持家务，晚上织布，还要"燃麻本以照奎读"。一天，母亲对周奎说道："吾家贫苦若是，世上有富贵，人何修得之？"周奎回答道："富贵不足慕，圣贤之乐，固不在此。"为了使母亲明白其中的道理，他便以《论语》中"一箪食，一瓢饮，在陋巷，人不堪其忧，回也不改其乐"的事例加以说明。母亲见儿子求知如是，便宽慰地笑道："儿能如是，吾复何忧！"

乡人萧晟见周奎贫苦而力学，便免费召入其家读私塾。为了改变自己的命运，周奎面壁苦读，焚膏继晷，在逆境中不懈地求知。

之后，祖父和母亲相继病故，对尚未十八岁的周奎来说，七年之中三次办理丧事，这是多么令人哀痛的事啊！况且他举目无亲，穷蹙无告。为了安葬亲人，他只好再去乞求乡人施舍弃余的坟地及入殓衣物，好不容易才把祖父和母亲埋葬。这段经历刻骨铭心，令周奎终生难忘。

清乾隆二十六年（1761），周奎补为县学生（秀才），食廪饩，生活开始稳定，益加勤奋攻读。他节衣缩食，先后为两个妹妹出嫁办理嫁妆。乾隆四十五年（1780），他考中举人，次年赴京会试，文场失意，榜上无名。为节省往来旅费，他留居京城，一面教读，一面治学，再次应试又落第。返回故里后，迫于生计，周奎在家乡设馆授徒。

清嘉庆六年（1801），周奎被授开泰（今黎平县）教谕，合署麻哈州（今麻江县）训导。在此任上，他充分发挥自己的教育观念。他常教导学子"先行谊，后文章"，注重道德品质的培养；在论学上，则以敬恕为宗，尝言"无不敬，俨若思"，"己所不欲，勿施于人"。

周奎很重视家庭教育，治家尤严。在《家训》中，他教育子孙："一念不欺，一事不可苟，一言不可易，一时不可疏。""治事宜敬，存乎治身；治身宜约，莫先治心；心安理顺，而力行之，天下断无不举之事。而又不可自以为功，以希图声誉，所谓立身行道、扬名后世，即于此基之也。予一生无欺人事，亦无欺人语，司马温公谓'无一事不可告人者'，予实有以自信。故虽身处困顿而不肯移易其操，虽心逢横逆而不敢一逞其气；无苦不尝，无气不受，无亏不吃，儿辈亦习闻之矣。唯予无薄德，故尔辈能有成；尔辈亦能无薄德，则子孙庶不致堕坏耳。"他要求子孙："苟能立志亢宗，何患不学无术？纵不能为官，断不可不为人；纵不能为圣贤，断不可为不肖。若竟以不肖自甘，败坏伦常，克狂作孽，是自弃于天恩祖泽，天下不能容，予焉得而子之孙之也？"对待子女，他则据礼法训诫，严厉有加。即令晚年家居时，周奎仍不忘记训诫已当官的儿子周际华、周际钊和孙子周顼，"必以努力自效，毋忘贫贱"。

周奎注重自己的操守，爱惜自己的羽毛。任开泰教谕时，贵州学政顾皋以年家子（周际华同科进士）登门拜谒，对周奎敬礼有加。某人得知周奎与学政的关系后，挟重资前往周家，欲求周奎为之关说。对此不正之风，周奎严词拒绝。周奎平生乐善好施，贫困时不忘救助急难者，富贵后尽力施与困窘者，其扶危济困的德行颇受乡人敬重。

嘉庆二十一年（1816），周奎以年老辞职，在家课读子孙。道光二年（1822），周奎病逝，著有《立命篇》《励学篇》《来西录》《麟山记》《仙人洞记》和《家训》等。

谈到《麟山记》，其中还有一段佳话。周奎家住麟阳寨，即今天贵阳市花溪公园内麟山旁的小山寨（今不存）。麟阳寨四周，青山绿水，阡陌纵横，地方灵秀，风景极佳。周家发达后，周奎先后在麟山建楼，龟山筑阁，蛇山种柏，缀以双亭，并在河中叠石为坝，潴水为潭，疏浅渚为洲，修隙地为屿，并撰《麟山记》以记之。其文曰：

吾家祖居栢阳寨，寨东半里许有山，如伏狮状，旧传为狮子山。顾予读《十洲记》，钩爪巨牙，铜头铁额，虞世南赋之狮也，无所谓角。又读《诗》疏义，麋身牛尾，马足圆蹄，《尔雅》释之为麟也，谓其具一角也。狮麟之辨，辨之角而已。兹山头角触天，几于百仞……麟兮！麟兮！夫复何疑？

可以说，周奎是最早发现和开发花溪原始状态的士绅，亦是最早将其风姿介绍给世人的文人。其开发虽只是雏形，但为之后建立花溪公园奠定了基础。其不世之功，将永远被贵州人民缅怀！

清道光二十四年（1844），贵州巡抚贺长龄以周奎事迹格外感人，疏请入祀乡贤祠，并撰《乡贤教谕周公传》，称赞周奎在极端贫苦的景况下，不改其志，力学而有成；赞扬他清廉自持、乐善好施的品德，严于家教、训迪子孙成才的风范；并以周奎为楷模勖勉贵州学子。文中有"黔苦贫，士为甚。劝之读书，则逡巡有难色，曰：'吾何所资以为学？'余谓贫即所以资汝学也，尚何资？汝气浮，贫则能使之定；汝力脆，贫则能使之坚；汝识昏，贫则能使之澄澈而光明。贫之资于学也大矣。愈贫则气愈定、力愈坚、识愈明，其资于学者愈大，是乃无资之资，资之最善者也。天以有资者资常材，而以无资者资奇士，夫唯奇士乃克受资耳"之语，批评了贵州士人目光短浅、贫而坠志的通病。与此形成鲜明对比，周奎的贫不坠志、穷且益坚显得难能可贵。贺长龄曰："观其生平所历之境，盖有人士所难堪者,而卒能自力于学,成其身,以成弟及其子孙,兼以成其乡人。由后观之,簪组雍容,一门华贵。其子而曰'吾父之教也';其孙则曰'吾祖之泽也';游其门而仕于外者,亦莫不曰'吾师玉成之力也'。"

从贺长龄的话中,人们不难看出周奎的操守对其子孙、学生的影响之深。正是周奎在坎坷人生中不气馁、不沮丧,奋发为雄的精神,以及他对儿孙的训迪有方,造就了这个新兴的文化仕宦之家。

民命屏障唐树义

往昔贵阳流传着这样的顺口溜："高家的房子，唐家的顶子，华家的银子。"意即高家房产多，唐家官职大，华家银根深。

唐氏祖籍江西抚州，先世明代迁居四川涪州，后因逃避张献忠屠川而避乱迁徙遵义。自清康熙至光绪的二百余年间，唐氏诗礼传家，人才辈出，有功名者二十余人。其中，唐树义、唐炯父子，官拜巡抚，成为统治集团中的重要人物。昔日遵义城中流传着"要想唐家不当官，除非干断洗马滩"的民谣，由此可见唐家人气之旺。

清乾隆五十七年（1792），唐树义诞生于遵义老城。其父唐源准，嘉庆戊午（1798）科举人，曾任广东阳山知县。据《贵州通志·人物志》所载：唐树义（字子方）少时，胸怀大志，尝自恨一事无成，将来不能青史留名。于是，他磨砺心志，面壁苦读，通过不懈的努力，逐渐成为令人称羡的熟习经史诗词的士人。时人谓其"为诗清丽，多艳逸风情；其词则有豪博放旷之气"。青年时的唐树义，状貌魁伟，气盖当世，而节操甚严，学养日趋成熟。

清嘉庆二十一年（1816），唐树义中举，时年二十四岁。道光六年（1826），大挑一等，以知县分发湖北。道光十一年（1831），调任监利县知县。到任后，恰逢监利江堤崩决，洪水肆虐，摆在他眼前最为棘手的有三大难题：一是洪水进袭沿江堤坝，怎样才能保住监利县城？二是民众流离失所，无处栖身，如何安置他们？三是当地的流氓地痞乘势而起，大肆剽掠，官府已经无法掌控局势。如何化解灾情，安置灾民，打击宵小之辈的嚣张气焰，还监利祥和的社会环境？唐树义感到重担在肩，压力很大。于是，他把整顿治安、擒治群盗作为第一要务。与此同时，他走出衙门，深入民间，乘单舸，涉洪涛，落实灾情，核准灾民户口，然后向上级部门请求赈恤。

唐树义深知赈恤治标不治本，要想使百姓立身安命，首先得修筑堤防，给他们一个赖以生存的环境。他见五六里的江堤早已残破，如果不大修，汛期到来必定会造成灾难，尤其是尺八口地段江流湍急，堤防年年崩塌。有感于此，他决定退移改筑两千七百丈的堤防。为此，他一面向上司申求拨款，一面募民筹款。待到资金凑足后，他审时度势，加紧施工。经过几个月的紧张劳动，堤防终于在汛期到来前完工。

汛期来临，洪水大至，堤防遭到严峻的考验。当洪水涨至离堤顶仅三尺时，唐树义不顾安危飞身跑到堤上。这时西南风急，巨浪滔天，吏民纷纷逃窜。当人们看到唐树义独立水中、捧土负薪、身当其冲的情景，不禁为这种无畏的精神深深感动。于是停住奔逃，转而护堤，加固堤防的工地又呈现出热火朝天的景象。这时风向突然逆转，洪水反向南趋，水位立即减了两尺，堤坝转危为安。人们惊诧之余，不禁欢声雷动，迷信地认为是唐树义"神力"所致。

唐树义为官清正，极有个性，因此常常得罪上司。这一年，湖广总督卢坤巡视监利。当卢坤与唐树义商讨修堤之事时，因意见相左，对方竟然甩袖而去。卢坤认为唐树义傲慢无礼，不敬上司，气恼之余，欲寻弊索瑕，报复泄愤。其后，卢坤检查了唐树义所负责修筑的堤防，工程质量上乘，完全符合标准，印象深刻，颇为动容。回到驿馆后，他再次召见唐树义。当唐树义到来时，卢坤放下官架，下阶迎接，诚恳地说道："贤父母（官）何得民若是（拥护）！"

由于卢坤的赏识和举荐，唐树义于清道光十二年（1832）六月调江夏县，十二月因办理堤防有功而赏知州衔，升汉阳同知。后经湖广总督林则徐及湖北巡抚裕泰举荐，朝廷宣召唐树义入京觐见。在道光帝旻宁垂询政务之下，唐树义奏对得体，颇合皇帝心意。旻宁对朝廷重臣叹道："丞倅（州府副职）中几见有此人！"

由于皇帝的垂青，唐树义升任甘肃兰州知府，后晋升兰州道道员。在甘肃任上，因进剿"西陵野番"有功，唐树义擢任陕西按察使。任期届满后，他调任湖北布政使，后代理巡抚。

道光二十八年（1848），长江洪水大发，从荆州到黄州一千多里的地方，有州县三十一个、卫所九处，均处于危险之中。唐树义见事态严重，立即巡视沿州两岸，返回省城后迅速向总督报告灾情，恳请迅速拨款抚恤救济灾民和修筑堤防。见总督漠然置之的傲态，唐树义按捺不住性子，气愤地说："尧舜在上，忍令吾民失所乎？即有严谴，请独当之。"他据理力争了四五日，最终迫使总督拨款救灾。

洪水淹入武昌城，有的地方水深达数丈，居民大都逃往城墙上露宿避难，而总督仍居住华屋，"燕乐如常"，出则前呼后拥，对百姓的苦难置若罔闻。与总督形成鲜明对照的是：唐树义不顾危险，每日乘坐竹舆看视灾民，嘘寒问暖，挥泪抚慰。救济的款项刚到，在还未接到命令时，唐树义又立即开库先发放给灾民。正因为唐树义事事为百姓着想，湖北民众对他感恩戴德，敬仰有加。

由于和总督的关系紧张，第二年冬，唐树义以病为由，辞官返回贵阳故居，每日与友人郑珍、莫友芝等饮酒赋诗，畅谈天下大事，过着一种悠闲自在的生活。

唐树义返里后，置义田，建宗祠，救恤故旧，慰荐孤寒，为友人出版诗文数十种，又出资出版《播雅》及全黔诗，整理和刊印了自己的诗文集《梦砚斋诗古文词》《北征纪行》《从戎日记》等。

唐炯在《先君子行略》中对父亲做官时的人格道德有以下说法："（先君）尝教僚属曰：'见得爵位轻，自无作不好之官；见得货财轻，自无做不好之人。'"对于其父的清操廉节，唐炯在该文中举了几个事例：

一、湖北水患时，唐树义令龚、姚两观察前往荆安、武汉和黄州等地视察灾情，两人的车船费、薪金及仆役费全从唐树义的薪俸中支取，从未累及僚属。

二、唐树义引退时，湖北的僚属和商人赠送他数万两银子，但都被婉言谢绝。

三、唐树义为官二十多年，薪俸大都用于救济同族中的贫困者、老疾者、不能嫁娶者和读书力行者。

清咸丰三年（1853）正月，太平军攻占武昌城，清廷惊慌失措之余，突然想到了息影林泉的唐树义，企图以其在湖北的威望来抵御太平军，于是征召他入京候命。唐树义年逾六十，顾不得年老体衰，赶往京城尽忠效命。临行前，因无钱置办行装，于是变卖儿子唐炯媳妇的"奁田"，得一千两银子。他估计将来无力偿还，便将自己所喜爱的雪声堂砚及褚遂良临兰亭序黄绢本用来抵当。到京城后，唐树义受到士人的欢迎，"辇下知名人士争颈识面，为风流所宗尚如此"。

唐树义风雨兼程到湖北后，等待他的是血雨腥风的战斗。在与太平军的残酷搏杀中，他在宋埠、鹅头山、辛家冲和马鞍山等役力挫对手,击毙太平军三王,伤两王,擒斩千余人。之后,他又建"新功",在黄州一役,十日之内,大小十一战,均大败太平军。

咸丰四年(1854)正月后,战况急转直下,清军一败再败。唐树义兵败金口,知事不可为,只求"鞠躬尽瘁,死而后已,然必轰轰烈烈寻有死所",最后投江而死。

得知父亲噩耗,唐炯千里赴楚,得父尸骸后,运回故里,葬于贵阳东北五十里之成山。

唐树义的一生,清正、廉洁、爱民、输财仗义,是其值得称颂的一面;而残酷镇压太平军起义,则是其历史局限性的过失。

"西南巨儒"之郑珍

清代咸丰、同治年间,郑珍、莫友芝以汉学而崛起于贵州遵义东乡沙滩,被人誉为"西南巨儒"。在他们的影响下,沙滩人才辈出,成为文化之乡,"沙滩文化"亦成为黔中文化的亮点。

清嘉庆十一年(1806),郑珍诞生于遵义西乡一儒医家庭。父文清,精于医道,为人慷慨,助人为乐。母黎氏,是沙滩士人黎安理第三女,知书达理,端庄贤淑。

郑珍幼承庭训,涉猎经史子集,八岁读《毛诗》,十一岁上私塾,十二岁入遵义湘川书院读书,聪敏好学,有"神童"之誉,深得讲席李腾华先生器重。由于家庭拮据,郑珍于次年秋天退学,不久随家移居东乡乐安里(沙滩),与外祖父黎安理家相距不足一里。

沙滩是一个风景秀丽的地方：清澈蜿蜒的乐安江，依势而建的民居田舍，田畴沃野，山峦起伏，风光秀丽，令人眷恋。禹门山麓有黔中名寺——禹门寺，其中设有黎氏的家塾。沙滩秀绝的自然风光和古朴的人文环境，无疑在郑珍幼小的心灵中，孕育着他热爱自然、追求自我的文人气质。

郑珍少小之时，得助于舅父黎恂的教诲及"锄经堂"藏书的孕育。嘉庆二十四年（1819），黎恂奔父丧返里，行前特购书数十箱运回家乡，置于居宅旁的"锄经堂"。郑珍当时十四岁，黎恂见他年纪虽小，但聪慧异常，便"令多读古籍"。郑珍嗜书如命，尽发舅家"藏书数万卷，纵观古今，殚心四部，日过数万言"。在黎恂的指导下，郑珍重点研读程朱理学，德学得以大进，诗才超逸群伦。郑珍的才华使黎恂十分惊异，他不禁感慨地说："昔欧阳文忠公（欧阳修）刮目苏子瞻（苏轼），有当让此人出一头之许，吾于甥亦谓然。"由于赏识外甥，黎恂便将女儿许配给了十八岁的郑珍。

在郑珍早年求学的道路上，莫与俦和程恩泽起着关键作用。郑珍十七岁中秀才，次年入遵义府学，受教于莫与俦教授。莫与俦系嘉庆四年（1799）进士，曾师从汉学大家阮元、纪昀、洪亮吉，汉学、理学根底深厚。郑珍博闻强识，聪颖过人，在良师的教导下，得窥汉学门径。在莫与俦众多的弟子中，郑珍才华出众，是府学生员中的佼佼者。而郑珍得到程恩泽的青睐，则得助于清道光五年（1825）的拔贡生考选。按照清制，每十二年考选一次拔贡生，限定府学两名，州、县学各一名，然后保送入京参加会试。拔贡生由提学使（学政）从优秀的生员（秀才）中选拔。时程恩泽任贵州提学使。当程恩泽审阅郑珍的文章时，不禁视为奇才，惊喜之余，选为拔贡。程恩泽对郑珍特别爱护，曾告诫其曰："为学不先识字，何以读三代秦汉之书！"于是"令其服膺许（慎）、郑（玄）之学"。与此同时，他指导郑珍由文字、训诂入手，而后研治经义。郑珍对此深为感服，"益进求诸声音文字之原，与古宫室冠服之制"，由此得闻汉学家法，从而为其确立了精研《说文》、博研"三礼"（《周礼》《仪礼》《礼记》）的治学方向。

封建社会，士人的理想莫过于金榜题名，光宗耀祖。郑珍当拔贡的这一年，二舅黎恺（黎庶昌之父）中举。道光六年（1826），舅甥二人北上京师会考。这次北上，双双文场不利，春闱均未入选。在返乡途中，郑珍得知程恩泽调任湖南学政（亦称提学使），致函招其入幕。行至湖南时，郑珍便与二舅分手，前往长沙。

长沙是湖湘文化的中心，文人墨客云集。郑珍随程恩泽视学湘省，足迹遍及各府、州、县，游览了风景名胜，开阔了眼界，结识了不少诗友，写下了不少纪游诗作。郑珍在湘游幕两年有余，无论在文章还是道德上，均深受程恩泽熏染。程氏是著名的汉学家，亦是文章好手。摹习其文者众多，而得其神韵者，唯郑珍一人。程氏是宋诗运动的代表人物之一，主张诗学昌黎（韩愈）、山谷（黄庭坚），注重"学识""性情"。其诗论主张与创作实践，对后来成为宋诗派的郑珍影响很大。程恩泽还激励郑珍以汉代贵州教育家尹珍为榜样，学习他学成返黔，以教育为职志，传播文化学术。为此，他为郑珍取字为"子尹"，以示勉励。

道光八年（1828）秋，郑珍告别恩师，返黔参加乡试。这年的秋闱，他又以失败告终。科场失意，加大了他对仕途的距离感，从而激发了他研治经术的雄心。这时他突然与恩师莫与俦之子莫友芝邂逅。莫友芝时年十八，才华横溢，识见过人。虽然郑珍长友芝五岁，但他俩情趣相投，一见如故，自此订交。

乡居对一个治学者来说，是一个绝好的去处，既可排除尘世的喧嚣，又可杜绝凡俗的干扰；既可愉悦性情，又可潜心治学。为了开阔视野，增长识见，郑珍广搜典籍史册，聚之于书房"巢经巢"中潜心研读。由于家境困窘，他一边耕作，一边读书。郑珍牢记着恩师程恩泽曾告诫他的治学要领，潜心研习汉代许慎的《说文解字》，仔细研读汉学大师顾炎武、段玉裁、邵晋涵、郝懿行、王念孙等人在文字学方面的专著，又涉猎各家文字学专著，然后比勘、甄别，找出真伪，洞悉诸家得失。与此同时，他对汉隶及六朝行书、草书亦能精识。

道光十四年（1834）夏，郑珍赴贵阳乡试，再度受挫。是年冬，郑珍与二舅黎恺、内弟兆熙北上京都，探望正在京城候职的岳父黎恂。次年正月下旬安抵北京。时程恩泽任礼部侍郎，郑珍借此机会去拜望老师，并希望老师审阅自己的新作《说文新附考》的手稿。当程恩泽阅过手稿，欣喜之情溢于言表。他对郑珍这几年的学术成就评价极高，认为其文字学已具有相当水平，与去世不久的著名学者钮玉树相比，有过之无不及。程恩泽希望学生留在京城，利用该地丰富的藏书，从事汉学研究，并推荐他去大学士王宗诚家当塾师。然而郑珍思家心切，惦念老母妻儿，于是婉言谢绝。临别前，程恩泽告诫郑珍，回乡后还须研读惠世奇、惠栋父子及王念孙、王引之父子的著作，然后将文字学与经学结合起来，开辟一条新的治学之路。

道光十六年（1836）春，郑珍赴云南平夷，到岳父的县衙当了一年的幕宾。在此期间，他目睹了官吏享乐腐化的行径，看到了在生死线上挣扎的矿工的悲惨生活，从而感慨道："入城耿耿卧不眠，民生家计愁心随。"郑珍此时期的诗作，目光投向劳苦大众，反映民生疾苦，揭露官吏的腐败堕落，因此其诗作具有人民性。

从云南返回故乡后，郑珍应聘到遵义启秀书院任讲席。按常规，府城的著名书院的讲席，一般由国家任命的学官担任，而学官大多是进士、举人出身，学养俱佳；或是名宿硕儒，在地方上德学兼具。在等级森严的封建学界中，郑珍仅是个拔贡生，按资历显然是不够的。然而，他旧学深厚，诗名远播，当一位讲席是绰绰有余的。郑珍登上讲坛后，其才华人格果然赢得了诸生的敬佩，并得到社会贤达的赞誉。

遵义知府平翰佩服郑珍才高学博，认为他是文士中的佼佼者，于是折节下交，并把纂修《遵义府志》的事与他相商。郑珍欣然应命，表示愿尽绵薄之力。在此期间，郑珍根据自乾隆年间遵义地区劳动人民养蚕织绸的宝贵经验，写了一本名曰《樗茧谱》的书，系统地介绍了放养山蚕、缫丝、织绸的技术流程。这本书实用价值很高，是一本学术价值极高的饲养山蚕的专著。在遵义知县德亨的大力支持下，《樗茧谱》于道光十七年（1837）刻印出版。此书的面世，无疑推动了贵州及周边省份蚕桑业的发展。

是年秋，郑珍赴贵阳乡试，揭榜中了举人。这届乡试的监临（莅临监考的官员）是贵州巡抚贺长龄。贺氏对宋学（程朱理学）有很深的造诣，在学界享有盛誉。贺氏慧眼识人，对郑珍考卷所表现的文才非常赏识，特纳为门生，并赠阮元汉学著作一本，以示鼓励。在贺氏的教诲下，郑珍在理学学养上有了进一步的提高。

道光十八年（1838）春，郑珍、莫友芝在北京参加会试。春闱揭晓，双双下第，铩羽而归，郑珍的功名之梦再次破灭。同年八月，遵义知府平翰开设志局，纂修《遵义府志》，聘请郑珍主持其事。郑珍援引莫友芝入佐。为完成这项历史任务，郑、莫二人广搜资料，考核历代文献，精心撰写，历时三年之久，成书四十八卷，共八十余万言。

梁启超先生在《清代学术概论》一书中对《遵义府志》赞誉甚高，把郑、莫与阮元、谢启昆、章学诚、洪亮吉、段玉裁等硕学大儒所纂修的地方志并列，誉其为"天下府志第一"。

道光二十四年（1844），郑珍再度进京会试，由于考试期间身罹重病，在号舍中睡了三天，因此交了白卷，结果又落选了。

好在按举人"大挑"成例，凡参加过三次会试的举人，被选为"大挑"二等，以教职铨补，回本省候职调用。次年正月，郑珍携子知同赴古州厅代理儒学训导兼掌榕城书院的教职，再次拾起了教育谋生的职业。

古州厅（今贵州榕江县）地处黔东南，交通闭塞，文化落后，是一个汉苗杂居的地方。而榕城书院始建于道光十三年（1833），是"改土归流"后汉文化深入"千里苗疆"的产物。

为吸引学生求知的兴趣，扩大他们的视野，郑珍决定首先授以辞赋，继而授之以性理之学（儒家的道德）。由于郑珍知识渊博，讲课精彩，深得学生爱戴，向学之风勃然兴起。不数月，"广文郑老"的大名传至邻县，一些久慕郑珍才识和道德的学生，亦负笈背粮从数百里的地方赶来就学，小小的榕城书院聚集着勤奋的学子，出现"坐则侍立一堂，行则从游塞路"的景象，可见郑珍影响之大。

黎平学子胡长新，少年时曾师从莫友芝，这次听到郑珍赴古州厅任教，喜出望外，便离开家乡，负笈跋山涉水来到榕城书院。郑珍见其勤奋好学，才思敏捷，根底深厚，便倾其所学，悉心指教。在郑珍的精心栽培下，胡长新的学养日臻完善。郑珍感于人才难得，于是向贵州巡抚贺长龄写信道："府学廪生胡长新，年少家贫，独能日夕相从，留心根底之业。此子如不废学，必作黔东冠鸡。"

胡长新不负老师期望，于道光二十七年（1847）成进士。之后，胡长新放弃仕途，以老师郑珍为榜样，毕生教书育人，为家乡的文教事业及经济发展倾注心力。

郑珍在古州厅任了一任学官，其后时而在镇远、荔波担任教职，时而家居赋闲。在此期间，其于诗文创作上成就极高，被"同光体"诗派（亦名宋诗派）奉为宗主。莫友芝在《巢经巢诗钞·序》中有如是说："论吾子生平著述，经训第一，文笔第二，歌诗第三。而惟诗为易见才，将恐他日流传，转压两端耳。"清代四川著名诗人赵熙对郑珍的诗极为推崇，在其《南望》诗中这么写道："绝代经巢第一流，乡人往往讳蛮陬。君看缥缈綦江路，万马如龙出贵州。"清人吴树敏亦称郑诗"横绝一代"。民国学者胡先骕亦曰："郑珍卓然大家，为有清一代冠冕。纵观历代诗人，除李、杜、苏、黄外，鲜有能远驾其上者。"如此评价，并非溢美。

值得一提的是，清末至民初，凡喜读旧诗或爱写旧诗的士人，无不读过郑珍的《巢经巢诗钞》，由此可见其影响之大。

郑珍为遵义人民留下了一部珍贵的《播雅》诗集。该诗集共二十四卷，采录了"自明万历辛丑改流（改土归流）至今二百五十年间，凡得二百二十二人，诗二千三百三十八首"，后又增加其友人唐树义一百首诗。它是遵义地区不可或缺的文学、历史乃至社会学研究的参考书。

在此期间，郑珍将汉学研究的心得诉诸文字，撰写了《说文大旨》《转注本义》《先秦古书谈》《辑〈论语〉三十七家注》等专著，惜大都未完稿。

清咸丰四年（1854），为响应太平天国的反清斗争，贵州遵义府桐梓县率先爆发了杨龙喜所领导的"黄号"起义,战火随之蔓延到各府、州、县。在之后的十年间,为躲避战乱,郑珍举家颠沛流离,在艰难的时世中苦苦挣扎,遭受前所未有的苦难。然而,他并未气馁沮丧,在极其困窘的境况下写成《仪礼私笺》八卷、《轮舆私笺》二卷、《凫氏为钟图说》一卷、《说文逸字》二卷、《说文新附考》六卷、《郑学录》等书。除上述著作外还写了几部书稿:经部有《深衣考》《说隶》,史部有《世系一线图》,子部有《老子注》……

一生遭受厄运,命运多蹇;科场失意,壮志未酬;生逢乱世,颠沛流离;晚年又逢孙子因病夭殁、岳父黎恂病逝……这一连串的打击令郑珍一蹶不振。同治二年(1863)十一月,经体仁阁大学士祁寯藻密荐,清廷颁布"上谕":郑珍、莫友芝等十四人征为知县,分发江苏任用。然而郑珍仕进之念早成死灰,之后莫友芝从曾国藩的安庆大营来函,谈到曾国藩"极思一见我兄""且属致声相促"之意,盼望老友"轻装指渝,贾舟东下",早日聚首。此时郑珍已染病卧床,日益加重。

清同治三年(1864)九月十七日夜晚,这位晚清贵州最著名的学者和诗人病逝于禹门山寨,享年五十八岁。

郑珍一生著作宏富,计有三十余种,生前刊印七种,其子知同得唐炯、张之洞等资助刊行数种;别的亲友、学者刊行数种,共计十八种。其余的书稿和未定书稿因战乱及其他原因均已散佚。

郑知同在《行述》中,对父亲有如下评论:"先子抱不世之才,生当晚季,僻处偏隅,暂位卑官,羁身贫窭,文章志业,半得之忧虞艰阻之境。岂天之所以玉成在人者,类必如是耶!然荼蘖备尝,以粝食鹑衣终世,垂白厄穷尤甚,重足悲矣!"

可以说,这是郑知同对其父一生命运及事功最中肯的评价,亦是郑珍人格伟大之所在。

"西南巨儒"之莫友芝

清代咸丰、同治年间,郑珍、莫友芝以才华独步黔中,扬名海内,被人视为"西南巨儒"。本文就莫友芝守正笃实的治学精神,过人的才学德识,以及与郑珍、曾国藩一生的情谊,为其书写春秋。

莫友芝,字子偲,号邵亭,清嘉庆十六年(1811)诞生于贵州独山县一士人家庭。父莫与俦,嘉庆四年(1799)进士,曾师事汉学大家阮元、纪昀、洪亮吉,是一位将汉学之风引入西南的大学者。

莫友芝少承家学,天性嗜古,在父亲的引导下,三岁发蒙读书,手不释卷,几年工夫,识见已非常人可比。清道光三年

（1823），父亲出任遵义府学教授，莫友芝随之前往。

遵义府学位于笔花峰麓，一峰突起。登临此峰，下瞰湘流，七曲回抱，烟岚四涌，诸山皆朝。莫友芝常常临风远眺，美丽的遵义城尽收眼底，从而激起了他心中的文学灵性和审美情趣。在父亲的教诲下，莫友芝读书刻苦，"恒彻旦夜不息，寝食并废"。日积月累，几年之间，他把父亲所购之书全部读完。

听说离府城八十里的沙滩有个"锄经堂"，主人是名叫黎恂（字雪楼）的进士，其学识渊博，道德高尚，不仅精通程朱理学，而且是黔中的大藏书家，其家藏书三万余卷，为黔中之冠。闻知黎恂因奔父丧返回沙滩、正在禹门寺黎氏家塾教授子弟，莫友芝立即以年家子的身份前往求教，拜黎恂为师。自此，莫友芝与黎恂之子兆勋（字伯庸）、外甥郑珍（字子尹）同窗攻读，并得以披阅黎氏所藏古书秘籍。莫友芝与黎兆勋、郑珍均是才华横溢的青年士人，兼之志趣相投，彼此一见如故，常常谈文论艺，切磋学问，最终成了莫逆之交。

道光十一年（1831）秋，莫友芝前往贵阳应乡试，其试卷、"试帖诗"受到考官胡达源（胡林翼之父）、吴嵩梁（诗人）的赏识。在胡、吴的荐举下，莫友芝中第十一名举人。次年春，莫友芝与麻哈（今麻江县）夏氏完婚，在家读书治学，研读许、郑之学，旁及列史、诸子百家、古诗文词。

道光十六年（1836）三月，莫友芝在京参加春闱，榜上无名，束装南归。返家后，父亲不仅没有责怪，相反告诫其曰："若辈寂寂牖下，不以此时纵游名山川，遍交海内英儒硕彦以自广，终成固陋耳。"言下之意，就是要儿子趁此机会出去走走，扩大视野、广交朋友，不要让自己变成一个识见浅薄的平常人。

是年秋，郑珍中举。贵州巡抚贺长龄奇其才，于是纳于门下。经郑珍援引，莫友芝得识贺氏。贺氏亦十分赏识，将其介绍于湖南善化人、方志学家邹汉勋。邹系《贵阳府志》《安顺府志》《大定府志》和《兴义府志》的纂修者，其志书被推许为全国名志。邹、莫以文相交，引为良友。

道光十八年（1838）三月，莫友芝与郑珍在京会考，双双败北，购书南归。是年秋，贵州巡抚贺长龄倡议各府、州、县纂修方志。应遵义知府平翰之聘，郑珍主持《遵义府志》事宜。郑珍又邀莫友芝辅佐。在两人的精诚合作下，历时三年之久，终于完成时代所赋的任务。这本志书出自两位黔中才俊之手，文笔典雅，内容详赡，实属大家手笔。无外乎贺长龄为《遵义府志》作序时，情不自禁地称赞道："是志也，于黔中足谓雅赡耳矣。"贺氏赞赏之余，拟向皇帝"进献"，但由于莫与俦的反对，最终没有实现。

道光二十一年（1841）七月下旬，父亲病故，不久又逢生母逝世，遭受如此沉重的精神打击，莫友芝悲痛欲绝。由于穷蹙无告，无法归葬，他只得将父母葬在遵义。不久，新任遵义知府慕其名，聘请他入主湘川书院讲席。

湘川书院地处遵义东门外县学宫旁，创建于乾隆年间，是遵义著名的学府。书院规模宏大、环境优美，是研读学问的好地方。执教期间，莫友芝注重学生学识与道德的培养，告诫他们学习的目的在于服习圣贤遗训,做正直之人、仁义之人,切忌为功名所左右。莫友芝才高学博,不少学子慕名而来,拜于门下。

道光二十七年(1847)三月,莫友芝在北京参加会试。候榜期间,常流连于琉璃厂市场,寻觅古籍秘册和名人书画。一天,他在琉璃厂一家书肆浏览书籍时,无意中与一位湖南湘乡人攀谈起来。论及汉学源流,莫友芝如数家珍。湖南人一听大为惊奇,顿生敬意,问及乡里,方知是贵州士人莫友芝,于是不无感慨地说道:"不意黔中有此宿学耶!"原来这位湖南人是曾国藩,时任翰林院侍读学士。曾国藩精通宋学,而莫友芝长于汉学,这次邂逅,两人一见倾心,成了朋友。

为表示自己的诚意,曾国藩特拉上精通汉学的朋友刘传莹,在虎坊桥设宴款待莫友芝,三人正式成为朋友。这次虎坊桥订交,莫友芝写了一首古风,其中有"曾子之度汪如千顷波"之句,以表对曾国藩虚怀若谷的赞美。

然而命运又作弄了莫友芝,这次会试又遭败北。南归之时,曾国藩特来莫友芝的寓所长谈,写了《送莫友芝》一诗,以表推崇之意。其中"豪英不地囿,十九兴偏邦"两句,是对地理环境决定人才因素论的否定;而"黔南莫夫子,志事无匹双。万书薄其腹,廿载幽穷乡"四句,则是对莫友芝志节高尚、学识渊深而幽居穷乡的深深叹息。

清咸丰二年(1852),郑珍《巢经巢诗钞》拟雕版印行,特请莫友芝作序,在座的还有老师黎恂。把酒兴浓之际,郑珍慨然曰:"吾辈俱老大,所学既不见于用,计无复长进,而数十年心力所寄,不忍弃置,将次第厄梨枣(指印行),取当世通人是非焉。忆吾子昔者漫有右小诗语,姑以先之。惟吾子为我序。"是年夏天,莫友芝写成《巢经巢诗钞·序》,与诗集一起刊行。这篇文论对郑珍的学术成就的评价最为准确。其曰:"论吾子生平著述,经训第一,文笔第二,歌诗第三。而惟诗为易见才。"

继郑珍《巢经巢诗钞》印行后不久,莫友芝自选的《郘亭诗钞》六卷于秋天付梓。郑珍为之写序,其中有"学其诗,当自学其人始"之语,表达了人品与诗品密不可分的文学理念;随后谈到莫友芝的生活经历和治学作风,把他视为"苦行力学"的诗人,认为其诗风近似于唐代诗人孟郊和陈师道。

咸丰元年(1851),太平天国运动勃然兴起。一时间大江南北,黄河内外,烽烟四起,腥风血雨。咸丰四年(1854),贵州独山州农民杨元保经过密谋组织,举旗反清拉开了贵州各族人民起义的序幕。在之后的岁月里,莫友芝居无定所,一时居遵义,一时住贵阳,一时在独山。北上会试受阻后,他只好留在贵阳教馆谋生,闲暇之余钻入故纸堆中寻求乐趣。

咸丰六年(1856),黔北战事渐趋平静,莫友芝返回遵义,受聘主启秀书院讲席。莫友芝重返书院不久,全省各地起义的烽火再起,战火燃烧到全省各地。鉴于严峻的形势,为前途计,莫友芝北上京城。

咸丰九年(1859)三月初,莫友芝参加己未科春闱。同考官王拯在分校莫友芝的试卷时,不禁为其才华所震惊,于是推荐给体仁阁大学士祁寯藻。在与莫友芝的叙谈中,祁寯藻对其学识十分赞赏。尽管如此,这次会试莫友芝终未获选。

在京期间,莫友芝与京城名流广泛交游。他专程拜访了早年的老师——时任吏部尚书的许乃普,虚心向其求教;他与翰林院侍读学士潘增绶交上朋友,得以观摩其家名碑拓本;他结识了年仅二十二岁的张之洞。张之洞生于贵阳,长于兴义府,加之其父张锳宦黔多年,因此与贵州很有渊源。张之洞久闻郑珍、莫友芝文名,但无缘相识。这次进京会试,虽未能与心仪已久的郑珍结识,然而有幸遇到莫友芝,张之洞欣喜之余,与其订为忘年之交。

咸丰十年(1860),清廷特举办"恩科"会试,莫友芝再次名落孙山。庆幸的是,在莫友芝文场失意之际,他却交上了李鸿裔、李仕棻、高心夔、郭嵩焘、龙汝霖、翁同龢、方宗诚等文化精英。莫友芝与他们交往密切,谈文论艺,鉴赏书画,交流心得,互有得益。

按清制,凡三科未中的举人,可以"拣选"任用。莫友芝已三次会试未中,正有这个资格。于是,他滞留京城,就等这"截取"的公文正式下达。时外侮日侵,内乱频仍,北有英法侵略者,率舰北上,威胁京城;南有太平军,攻势迅猛,势如破竹。莫友芝见大清江山风雨飘摇、岌岌可危,痛感京城不是久恋之地,顾不上即将任命的正式批文下达,匆忙南归。

归途中,莫友芝曾在武昌黎伯庸处住了一段时期,为恩师胡达源之子——湖北巡抚胡林翼校刊其作《读史兵略》。咸丰十一年(1861),太平军攻占黄州(今黄冈市),迫近武昌时,胡林翼惊忧成病，呕血而死。胡氏病逝，稿本一直保存在莫友芝的行箧中。是年七月初，迫于形势紧张，莫友芝乘船到达东流，投奔友人曾国藩，开始了江表十年的人生岁月。

莫友芝抵达安庆外围时，恰逢两江总督曾国藩率领清兵围攻安庆城。对莫友芝的到来，曾国藩殷勤款待，礼聘其做客卿（幕僚）。当时，曾国藩的幕府中，聚集着中国的政治精英和文化精英，如李鸿章、郭嵩焘、刘蓉、左宗棠、彭玉麟、李瀚章、薛福成、吴汝纶、吴敏树、张裕钊、俞樾、王闿运、李善兰、方宗诚、张文虎、戴望等。而在曾氏心中，莫友芝"才高学博，著述斐然可观"，是最优秀的人才。他不仅待莫友芝以宾师之礼，还令有志于学的属下拜之为师。

天京攻破之前，莫友芝一直在曾国藩大营当客卿，每月有薪俸，生活安定，既避开了贵州的战乱，又能静下心来治学。为了让莫友芝一家团聚，曾氏还出资将其家小从贵州接到安庆。这种情谊，令莫友芝铭心刻骨，感激不已。

清同治二年（1863）春，妹夫黎庶昌因《上皇帝书》被清廷分发曾国藩大营差遣，郎舅二人得以朝夕相见。在安庆期间，莫友芝在治学上有重大的收获。他鉴定了唐代《说文解字》的"木部"抄本，并为之撰写了《笺异》一书。余暇之时，他搜求古籍，并尽力校勘。

是年年底，大学士祁寯藻向皇帝密荐十四人，为首两人就是郑珍和莫友芝。然而这时莫友芝年逾五十，无意仕进，于是婉言辞谢。此时郑珍身患重病，卧床不起，更无力北上。次年八九月，噩耗接踵而至，黎兆勋、郑珍相继病逝。莫友芝悲痛万分，难以平息内心的苦痛。

同治三年（1864）六月，清军攻入天京，太平天国灭亡。九月，莫友芝随曾国藩进驻南京。为恢复社会秩序，曾国藩一面下令修复江宁城内已破坏的书院，延揽文人学者担任教职；一面出资刊印经史典籍，传播传统文化。鉴于扬州的文汇阁、镇江的文宗阁、杭州的文澜阁系乾隆年间纂辑《四库全书》的分存处，而文汇、文宗两阁毁于太平军战火，只有少数藏书流入民间，曾国藩指派莫友芝前往镇江、扬州等地，搜访《四库全书》残本。

同治四年（1865）春，莫友芝从江宁乘船赴镇江、扬州，在两地悉心咨问。得知文宗阁的《四库全书》于咸丰二三年间毁于战火后，又了解到文汇阁中藏书亦被焚毁，逃出此劫的仅有借出抄录和从灰烬中被人拾去的少数书籍。听说《四库全书》有一部分流落到了泰州、通州（今南通市）等地，莫友芝于是东去泰州，但无多大收获。到通州后，莫友芝一面探访《四库全书》的下落，一面购求经学专著，均所获甚少。惆怅之余，他乘船赴上海，前去拜望任苏淞太道道员的友人丁日昌，随后返回江宁（今南京市）。

同治五年至十年（1866—1871），莫友芝从事校刻古籍工作，先在金陵书局校刊《续资治通鉴》近二百二十卷，后应丁日昌之聘，任苏州书局总校理，主持刻印《资治通鉴》二百九十四卷，编成《持静斋书目》，自撰《持静斋藏书记》刊行，整理《黔诗纪略》书稿，撰写《梁石记》一书，并着重研究目录学与金石学，直至生命的最后一刻。

同治十年（1871）秋，莫友芝在赴扬州的途中，携上即将校勘完的《隋书》，准备交维扬书局刊版，听说下河一带有《四库全书》残本及别的善本书，欣喜之余，便与儿子莫绳孙东去泰州查访。船入兴化县内，他突感风寒，高烧不退，仍强撑病体校阅《隋书》和修改《黔诗纪略》。九月十四日，莫友芝病逝于舟中，时年六十岁。

莫友芝灵柩运回江宁，停厝莫愁湖畔胜棋楼中，前来悼念者络绎不绝。两江总督曾国藩亲率僚属数百人，捧香步行祭奠，其挽联云：

京华一见便倾心，当年虎市桥头，书肆订交，早钦宿学；
江表十年常聚首，今日莫愁湖上，酒樽和泪，来吊诗人。

莫友芝一生著作宏富，曾国藩对其治学及著作有如是之语："世不行此久矣！友芝生平志存文献，思为黔之一书，润色边邑。道光中兴，郑珍同撰《遵义府志》，博采汉唐以来图书地志、荒经野史，披榛梯陋，援证精确，体例省严，成书四十八卷。时论以配《水经注》《华阳国志》。又综明代黔人诗歌，因人考事，翔实典要，为《黔诗纪略》三十三卷。贵州文献始斓然可述。居金陵，得唐写本《说文》木部百八十八文，以举正严、段二家校注，撰《笺异》一卷，国藩为校刻以行。又尝至句容山中搜讨梁碑，躬自监拓，惟恐一时见遗，撰《梁石记》一卷，其核如此。别著之书有《音韵考略》四卷、《过庭碎录》十二卷、《樗茧谱注》一卷、《邵亭诗钞》六卷、《邵亭遗诗》八卷、《邵亭遗文》八卷、《宋元旧本书经眼录》三卷、《付录》三卷。编订未竟者，有《邵亭经说》《影山词》《书画经眼录》《旧本未见书经眼录》《资治通鉴索隐》若干卷，藏于家。"

莫友芝一生是伟大的。他一生文场失意，历经战乱，然而始终以弘扬中华文化为职志，倾一生之精力，潜心研究中国传统文化，以自己的才华，在文字学、古籍校勘、金石、目录、考据、诗文、书法等领域卓有建树。他一生阅历丰富，视野广阔，足迹遍及大半个中国。尤其是江表十年，他"遍游江淮吴越间，尽交其魁儒豪彦"，与近代史上许多政治、文化精英有着亲密关系，从而识见高远，蔚然大家，成为晚清与郑珍齐名的"宋诗派"代表人物和"西南巨儒"。

大定府章氏昆仲

清代道光、同治年间，贵州文化勃兴，大定士人章永孚、章永康兄弟，怀抱济世之才，走出崇山峻岭，来到广阔的天地中，一个以为政清简、廉名特著而闻名政界，一个以博通经史、诗词兼工而享誉文坛。

章永孚，字子静，清嘉庆十六年（1811）诞生于大定府城一书香之家。永孚生下刚满月，生母因病逝世。继母谌氏十分贤惠，视永孚如己出，呵护关爱，极具爱心。永孚幼有至性，天姿亮拔，读书目十行下，十四岁时，参加童子试（考秀才），其才华被贵州学政程恩泽所赏识，奖之以诗，以示鼓励。

清道光二十九年（1849），章永孚乡试中举。次年春，他北上京师会试，时逢庶弟永康以拔贡赴京廷试。虽然永孚长永康二十岁，但他非常喜爱这个聪慧过人、才华横溢的弟弟，于是携行万里，关怀备至。永孚尽管才华出众，这次会试却以失败告终。在之后的几年中，他转辗南北之间，多次向文场发起进攻，令他失望的是，总是名落孙山，劳而无功。科场失意使章永孚对人生有了新的认识，便改弦更张，"究心于民生利病之故"。

清咸丰四年（1854）八月，为响应洪秀全领导的太平军起义，黔北桐梓人杨龙喜率领千名灯花教徒攻入桐梓县城，赶走刚上任的知县陈泰，宣布"江汉"政权成立，打出"复明灭清"的旗号，从而揭开了咸同贵州各族人民大起义的序幕。一时间，全省各民族人民纷纷揭竿而起，掀起了波澜壮阔的反清斗争。

黔西州系灯花教分支，其领袖王三乍巴不仅在人力、物力上支援杨龙喜，而且起义后派队伍加紧攻打黔西州城。黔西吃紧，毗邻的大定府顿感恐慌，那些饱受统治阶级剥削的民众时刻准备起而响应。身处危机四伏的府城，目睹民心浮动的现实，考虑到身家性命，章永孚不禁焦急万分。为了维护本阶级的利益和自保，章永孚联合城内士绅，商议守城之策。在此期间，他"募勇化饷，筹备捷出，昼檄夜牍，且询且披，无一夕安寝"。

次年春，在川、滇、黔三省官军的追击下，杨龙喜由黔西走大定、毕节，再转至都匀、麻哈、石阡，最终在葛彰司一战失败后牺牲。杨龙喜起义被镇压后，论功行赏，章永孚被授以知县衔，听候任用。

杨龙喜起义时，恰逢翰林院庶吉士丁宝桢因母亲病故奔丧守孝。当战火蔓延到平远（今织金县）时，丁宝桢散家财，募乡勇，与之对抗，屡建奇功。咸丰六年（1856），章永孚追随丁宝桢，为其出谋划策，在定番（今惠水县）、平越（今福泉市）两地，十余战皆捷，以清水江功尤最，加知州衔。继母谌氏病逝后，章永孚为之守孝三年。随后被拣发江西，听候任命。

江西巡抚龙翰臣，知人善任，当与章永孚倾谈之余，不禁感到其识见高远，精明强干，一喜之下，委之重任——派赴四川筹饷，不久又任命为弋阳知县。到任后，章永孚为政清廉，治理政事如同治理家事，力求以仁感人。每当遇到艰巨之事时，他从不草率，总是反复思考后再办。在审理案子时，他重调查，重证据，使许多冤假错案得以平反。他严于治政，从不姑息那些奸邪之徒、宵小之辈，凡经其查证，尽力搜治。

章永孚虽是一介书生，却熟谙战守之策。咸丰十年（1860）三月，太平军进军江西，九月复道弋阳，攻占婺源。情势危急，章永孚迅速整顿民团，扼守要害之处，阻截对方粮道。方家墩一战，章永孚勇挫强敌，斩其渠帅，迫使太平军败逃。与此同时，他积极征发军粮，支援广饶作战的清军。

次年五月，太平军由汀州蜂拥而来，弋阳城内居民逃亡殆尽，守城兵勇不足一百。面对险境，章永孚激励士民，募兵自守。六月，章永孚率把总刘步瀛，以八百兵勇，败敌五千，一举攻克仙人寨，解救难民两千余人。七月，章永孚卸任，民争上牍乞留，广信知府钟某因之留其办理防务。八月，三十万太平军水陆并进，三面包围弋阳城。章永孚费尽心机，死守城垣。他率领兵勇，加强防务，不分昼夜，严阵以待，不让对方有可乘之机。太平军见弋阳城壁垒森严，只好撤军进围广信。章永孚见状大喜，立即率兵追袭，使对方防不胜防，疲于奔命。知府见章永孚率兵驰援，大为欣喜，于是令他守城。章永孚不负所托，驰驱转战，打退了太平军的无数次进攻，化解了多次险情，最终迫使太平军退往闽浙。江西解严后，章永孚的功绩被江西巡抚上报朝廷。然而这时，他却因积劳成疾，于是年十月十六日病逝弋阳官舍，享年五十岁。

史册记载了左宗棠与章永孚的一段逸事，从一个侧面反映出章永孚的清廉名声。在弋阳治政时，章永孚"廉名特著"，深得民众爱戴。时浙江巡抚左宗棠督师江右（江西），标榜自己"严明不受馈"，过弋阳时，竟然接受了章永孚馈赠的两篓新茶。左宗棠对这次反常的行为有如是说法："吾受廉吏赠耳！"由此可见章永孚在他心中的地位。

章永康，字子和，道光十一年（1831）诞生，三岁时父母相继病故，育于嫡母谌氏，抚养教诲，迄于成人。少时好学勤奋，博通经史，善诗词，工书法，精雕刻。道光二十九年（1849），章永康选为拔贡，咸丰元年（1851）乡试中举，次年金榜题名，成为连捷进士，随即入翰林院，散馆后升侍读。章永康不仅工于诗词、才高学博，而且长身玉貌、温文尔雅，兼之与名流张之洞等人过从甚密，时相唱和，一时间名噪诗坛，成为京师士林所瞩目的青年才俊。之后，章永康被调任内阁中书，常感到学非所用，兴趣索然。恰逢这时英法舰队先后攻陷广州及大沽炮台，沙俄又趁火打劫，用武力迫使黑龙江将军奕山签订《中俄瑷珲条约》。目睹外侮日深，痛感国运衰微，章永康与张之洞等"悲歌击筑，侘傺伤怀"，写《行路难》乐府十二章，以寄忧国悯民之愁思。

清末桐城派代表人物黎庶昌与章永康交谊甚深，对其诗词评价极高，称其《行路难》乐府诗"诡切时事，微显志晦，深文隐词，近乎《春秋》。天才绵丽，冠绝时流，有骚人之遗风焉。夫其性情悱恻，牢愁悲思，则楚臣屈原之所为惓惓君国也"。的确，章永康的《行路难》乐府诗继承了屈原以来我国诗歌的光荣传统。他将视觉投向乱象迭起的社会现实，揭露文恬武嬉的官场，抨击层层盘剥百姓的官府，痛斥敲骨吸髓压榨民众的胥吏，从一个侧面折射出清末激烈的阶级矛盾，无怪乎被人称为"诗史"。

《行路难》乐府三章中有这么一首诗，反映了民间的疾苦，表达了对民生多艰的深切同情。诗云：

> 小车班班黄尘晚，夫为推，妇为挽。
> 青青之蒿疗吾饥，焦土一尺蘖芽短。
> 官家下令急算缗，有司奉行如束薪。
> 丈布斗粟有征税，甚者纷扰及鸡豚。
> 盈担之梨半筐李，持向街头易升米。
> 前逢关卒生怒嗔，责以私鬻肆鞭箠。
> 吞声饮泣归门前，县吏又索经制钱。

曲突无爨墟无烟，哀哉黄雀集野田。

咸丰十年（1860），章永康离京返里，途中折道江西弋阳探望兄长永孚。第二年，永孚病逝任所，永康悲不自胜。

在家乡探亲的日子里，正值贵州各族人民起义方兴未艾之时。尽管章永康关心民间疾苦，痛恨统治阶级对人民的残酷剥削，但他毕竟是一位封建士人，对"乱民"报之以敌视态度。他曾经往返于毕节、大定等地，出入于硝烟战火之间。不过，在其诗词作品中，却不带偏见，客观地展现了历史的真实画面。其《满江红·道经毕节有感题壁》下阕这么写道："经战地，零哀泪。横赤血，一千里。叹七星关外，疮痍谁洗？雁景远飞秋水渡，猿声寒彻棘门垒。问四郊，收骨几多时，十旬耳。"这血腥的景象，真实地记录下搏杀后的战地场景。

清同治三年（1864）深秋，章永康假期已满，清廷通知他改官知府，立即赴京分发补用。正当准备行装之时，一场灾难向他逼近。十一月十六日，岩大武领导的黄号军突然攻占大定府城，章永康猝不及防，城破身死，时年三十三岁。

对这位天才诗人的不幸遭遇，黎庶昌"悲其遇，惜其才，谋辑其诗歌"。光绪元年（1875），黎庶昌将搜集到的章永康的四十余首诗与数首词携至荷花池釐局，准备勘定后出版。不料釐局失火，将诗稿毁失大半，仅存《行路难》乐府诗。之后，黎庶昌出使东瀛，为了不负死友，最终为其出版了《瑟庐遗诗》。

章永康诗词兼工，其诗雄奇诡伟，婉丽绵邈，有唐人遗风；

其词更佳，远在其诗之上，足以跻身于清代词坛名家之列。清末贵州诗人陈田称章永康"天才奇逸，绮思瑶想，不作平人腕下语"，并在《黔诗纪略后编》中对章永康的艺术风格做了中肯而精辟的概括。章永康一生著作宏富，惜大多毁于兵燹。现仅存《瑟庐诗草》两卷、《海粟楼词》一卷收入《黔南丛书》内。当笔者即将结束此文时，忽然读到章永康所作的《仿杜子美同谷七歌之四》诗，吟哦之余，不禁感其命运之悲惨、身世之凄凉。为此，特录于下，以加深读者对这位咸同年间贵州诗人的了解。其诗云：

> 嗟我少小悲孤根，早失父母伤惸孙。
> 天门岧崽及万里，梦寐往往惊旅魂。
> 柏涂槿原暗冰雪，兵戈满眼心烦冤。
> 呜呼四歌兮动行路，朔风吹人白日暮。

云南巡抚唐炯

唐炯,字鄂生,唐树义第四子,清道光九年(1829)生于湖北。唐炯自幼好学不倦,喜读"二十四史"和《资治通鉴》,于历史政事得失、治乱兴衰、古名臣出处和事迹,无不反复讨论,熟烂于心,因此识见高远,具备经世伟略,兼之生性倜傥,傲岸不群,有大丈夫襟怀,诗词古文颇有造诣。诗人郑珍知唐炯将大有作为,便集李白、韩愈诗为联而赠之:"天生我材必有用,神纵欲福难为功。"

道光二十九年(1849),唐炯中举。清咸丰四年(1854),父唐树义战死金口。正当唐炯经历父亲死难余痛未消之时,又值贵州桐梓杨龙喜揭竿而起。面对风起云涌的各族人民大起义,有感于各府、州、县被起义军攻陷的严峻现实，为家庭虑，为前途计，唐炯创立"忠孝团"，与织金进士丁宝桢遥相呼应，在黔中大地与起义军角逐争锋。

咸丰九年（1859），唐炯出任四川南溪知县。下车伊始，他组织地方绅耆办理团甲，严禁窝藏盗匪，重惩差役敲诈勒索、胡作非为；永革地方规费，清理多年积案；无定期无定地巡视民间，访贫问苦，劝勉其子弟辛勤耕作，不要为非作歹，不要乱打官司。数月之后，南溪民气和乐，地方大治。民众对其勤于治政、亲民恤民的官风无不称道。

唐炯给自己定下的官箴是："作州县，耳目所不到者，足迹要到；足迹所不到者，心思要到。"又曰："民财可惜，不宜使之破坏；民气当静，不可使之浮动。"照今天的话来说，就是为政者要心系地方，爱惜民财，使民安居乐业，不能逼民造反。

唐炯与其父一样，能文能武，既是治世之能臣，亦是驰骋沙场的悍将。在南溪任上，正值滇人蓝朝鼎等人率顺天军反清入蜀之时。为防患于未然，唐炯组织团练，揽形势，守要隘，严阵以待，力挫蓝军，显示其不俗的军事才干。在南溪、叙州、富南、犍为、绵州及白鹿场等战役中，唐炯身经数十战，常以百千士卒与数万蓝军相抗衡，往往出奇制胜，大败对手。蓝军见其作战英勇，不顾死活，因此称他为"唐拼命"，遇则避去，不敢与其争锋。

清同治元年（1862），石达开率部由湖北入川，攻占石柱厅，进围涪州。唐炯尾随其军，围追堵截，见其突围而去，便追至綦江。石达开不敢恋战，率部入黔。川督骆秉章用唐炯之计，在大渡河设防，最终迫使石达开进退失据，兵败被杀。

次年正月，唐炯升任绥定知府时，常闻达渠、大竹两县差役凶横恶暴，欺压百姓，民间积怨久，民众常联名控告差役，但地方官员却拿这些差役无可奈何。唐炯视事后，立即派人四处张贴告示，劝告百姓不要聚众抗官，如有冤屈可向官府申理。由于唐炯公正廉明，违法犯律的差役日趋减少。

在绥定任上，唐炯痛感当地文教不兴，便设立了两所书院、八十多所社学，聘请学养俱优的士人充当教职，教育辖境子弟读书，养其心志，化其习俗。第二年，绥定大治，吏尽守法，民安其生。唐炯由此显现治政的才能。

同治五年（1866），贵州全境因各族起义而陷入瘫痪。川督崇实惊慌之余，立即令唐炯统师援黔。到黔后，唐炯以诚信对待民众，严禁官军骚扰百姓，并四处潜伏探子收集情报，采用各种手段招抚降众，数月之间便瓦解黔境的"骚乱"。鉴于唐炯在黔所立功勋，清廷赏其二品顶戴和"法克精阿巴图鲁"的称号。之后，唐炯被川督吴棠弹劾，返回四川。

清光绪三年（1877），川督丁宝桢得知唐炯在川候职，知其"大气磅礴，足任事"，于是邀其共赴时艰。两人见面后，丁宝桢向唐炯通报了四川的省情：财力薄弱，捉襟见肘，除了上交国库和省内的开支外，无钱帮助邻省；长江两岸是盐枭土霸的聚集地，人数多达几十万。他们把持盐价，垄断市场，既破坏了政府的税收政策，又给社会带来了不稳定因素。

唐炯针对以上问题，提出了开源节流的办法。他指出：盐是国家大利之所在，要解决四川财政困难的问题，首先要革除盐政弊制，可收一石二鸟的效果。他说："现在边境无事，防军宜裁汰，每年可以省饷数十万。盐为国大利，数十年来，官吏绅商因缘为奸，致利上不归国，下不归民，只归中饱。今若整理，可为国岁增巨款，私枭隐患可借以消弭。但一办理，风起云涌，谤议随之。公能始终主持则办，否则不如其已。"

唐炯精辟的见解令丁宝桢豁然开朗，促使其决定改革盐政。在其敦请下，唐炯承担了改革盐政的大任。其后，唐炯援引同乡华联辉协办。在两人的共同筹划下，稽案牍，考成法，向熟悉盐务利弊的官员商人请教咨询并加以讨论，从而制定了著名的"官运商销法"。此法推行后，取得了巨大的经济效益，不仅为国家每年增加库银数百万两，而且缓解了四川财力不足的困境。

光绪八年（1882）七月，经张之洞举荐，唐炯擢任云南布政使。在任期间，唐炯改革弊政，并厘卡，清田粮，减冗员，恤民困，政绩十分突出。当时，法国侵占越南南部，窥视着北部的中国边境。为了保卫南部边境，清廷责令唐炯率兵出镇南关防卫。

唐炯出关后，认为已归顺清廷的黑旗军领袖刘永福熟悉边境事务，有能力制服法人，于是委之重任。九月，唐炯升任云南巡抚，滇督岑毓英写信催促他赶快回省面商机宜。恰逢这时中法议和，并无战事发生，边境也很稳固，唐炯便赶回昆明主持政务。

一年多后，法军进攻越南北宁和太原，两地相继失守。这时清廷要寻找承担罪责的人，于是先将广西巡抚徐延旭革职拿问，接着唐炯受牵连亦被逮捕,送往京城大狱。在拘禁的两年中,唐炯心地坦荡,置生死祸福于不顾,每日观书写字,寄情诗文。其中一首诗最能体现他此时的心绪:"已空万念仍忧国,未了残生且读书。惭愧东坡老居士,乌台也许赋诗篇。"以此表达自己身陷囹圄不忘家国的情怀,同时表露出同情苏轼被诬陷时的愤懑之情。

唐炯下狱后,不少人认为他实在无辜,朝廷重臣左宗棠、李鸿章和丁宝桢先后以人才可惜为他上疏求情。光绪十二年(1886),唐炯被释,以巡抚衔督办云南矿务。

同年四月,唐炯抵达昆明任事。莅任后,他考虑到云南财政困难,人民生活贫困,唯有开采本省的矿产才能改变以上问题,于是筹划开采本省铜矿,建立公司,招商开采矿场,然后由官府购买。这个建议很快被朝廷采纳,云南的采铜业由此发展起来。云南铜矿公司开办十八年,铸铜源源不断地运往京城,满足了国内的需求,同时增加了本省财力,解决了不少靠铜矿业而谋生的穷苦民众的生活问题。

光绪三十二年(1906),七十七岁的唐炯辞官返回贵阳。两年后,清廷因其德高望重,年登耄耋,赏其太子少保衔。次年岁末,这位八十岁的老人病故于贵阳家中,之后葬于成山坟地。

商界奇才华联辉

清代咸丰初年，太平军定都南京，长江运道受阻，淮盐在两湖的销岸废置，导致"两湖人民尽苦淡食"。针对这种情况，作为权宜之计，湖广总督张亮基向清廷奏准以"川盐济楚"。待到清军攻占南京，长江的航道畅通，清廷内外"禁川复淮"之议蜂起。清同治七年（1868），两江总督曾国藩为增加厘税收入，正式奏请恢复淮盐两湖市场。清光绪三年（1877），两江总督沈葆桢再次奏请恢复淮盐两湖市场。眼看两湖市场不保，川盐重返滇、黔已成定局，四川总督丁宝桢不禁忧虑起来。

为改变这一严峻现实，一场急于改革四川盐政的法规慢慢浮出水面，这就是闻名全国的"官运商销法"。在这场盐政改革中担任主角的是三位黔人，他们是川督丁宝桢、候补道唐炯和举人华联辉。丁宝桢统筹全局，唐炯全面负责，华联辉则管理具体工作，制定法规章程。

华联辉，字柽坞，清道光十三年（1833）诞生于遵义一耕读人家。清康熙年间，其先世从江西临川入黔行医，落籍遵义南乡平水里（今团溪镇）。华联辉幼时，聪慧好学，就读私塾时，常与老师讨论学问，亦求教于乡中前辈。由于家乡文化落后，加之其求知欲强烈，华联辉常常出现无书可读的窘相；当得知赵锡龄先生通晓宋代程朱理学，遂拜之为师，潜心攻读。

咸丰、同治年间，贵州爆发各民族人民反清大起义，遵义城多次被困。出于身家性命的考量，华联辉于同治元年（1862）举家迁居省城贵阳。生活安顿后，他一面读书一面经商，将金钱投入与人民大众日常生活息息相关的盐巴生意上，特创立永隆裕盐号。华联辉很有经商头脑，认为：要做好生意，使"货畅其流"，那就必须使购销渠道畅通，成本核算必须精确；要想让盐巴走进贫苦大众家庭，就必须降低盐价，做到薄利多销。他由于经营有道，生意越做越好，十年后积攒了白银数万两，成了贵阳城中有名的盐商。

光绪元年（1875），华联辉中举。作为儒商，他遵循"穷则独善其身，达则兼济天下"的圣贤之教。他曾说："人者万物皆备于我，上当博施济众，充满乎仁圣立达之量；次亦宜存心利物，求有济于世。否则，虽富贵何益？"

华联辉富裕后，立即将自己的言语落实到现实中去。早年与他一同迁居贵阳的乡亲有数十家，然而大多家境贫困。华联辉看在眼中，放在心上，根据其贫困程度分别予以救济。省内的动乱平息后，同乡纷纷返回故乡，他又依情资助，并派人送至乌江。乡人对华联辉乐善好施的高尚品格感激万分，深怀其德。而华联辉的善行善举并不被有些人理解，唯有同乡唐炯认为他是一位才识抱负非同寻常的人。

同治八年（1869），吴棠任四川总督，任用知交故旧，不喜唐炯作为，唐炯在黔不能竟其志，以候补道之衔滞留成都。光绪三年（1877），时四川总督丁宝桢了解唐炯"大气磅礴，足任事"，于是邀其共赴时艰，让唐炯帮助治理盐务。丁宝桢向唐炯表达了对本省财政及治安的忧虑。唐炯认为，要改变目前的困境，必须开源节流。所谓开源，就是要改革盐政；而节流则是裁削驻防军。丁宝桢认为建议十分中肯，于是令唐炯放手改革盐政。唐炯虽然击中了时弊，但毕竟对盐业是个门外汉，于是向丁宝桢推荐在贵阳从事盐业生意的友人华联辉，表明要进行盐政改革，"将非其人不可"。丁宝桢便写信给华联辉，邀其前往成都晤谈。

丁宝桢在全国及贵州享有崇高的声誉，是华联辉景仰的伟人。能得到丁的赏识，华联辉感到莫大的荣幸。在成都与丁晤谈时，华联辉感到十分投契，丁的人格魅力令他钦佩不已，于是毫无保留地将自己经营盐业的心得体会和盘托出。华联辉熟读经史，博学多识，以唐代中期刘晏改革盐政的事迹为例，向丁宝桢阐述盐政改革的必要性。刘晏是著名的理财家，曾任吏部尚书和忠州刺史。他所管辖的范围远至长江上游以及岭南地区，亦是当时淮盐销售的覆盖区。为了使国家获利，而天下无甚贵甚贱之忧，刘晏对盐政进行改革，其办法是：减轻成本，免除苛税，使运销畅通，并且在边远地区存储官盐，以防涨价，以至民间供应不缺而政府收获余利。初期盐利不过四十万缗，末年增加至十几倍。与此形成鲜明对比的是，在其管辖区以外，盐价贵而国家获利少。华联辉对盐务的深切了解和过人的识见，给丁宝桢留下了深刻印象，发出了"果奇才也"的惊叹，于是将盐政"一以倚之"。

为了不辜负丁宝桢的重托和好友唐炯的期许，华联辉竭诚赞画，巨细躬亲，稽案牍，考成法，延请官商之熟于盐务利弊者，对盐政改革建言献策，反复咨询讨论，集思广益，历时五个月之久，最终制订"官运商销法"。其章程共十六条，要旨如下：建立机构，组织官运引盐（食盐的专卖运销凭证）的采购、运输和批发业务。盐务总局设在泸州，总揽盐政，于盐井产地设厂局收购食盐，并复设仁怀、綦江、涪州、叙永四大盐岸管理外销，一切购运分配大权，收归盐务总局，课厘金计入成本。同时增设裕济仓抑物价，建大盈库以调剂各岸资金，派人驻各岸协调盐务，安驻兵勇以防横暴。

由于四川盐务积弊太深，改革必然会危及那些从盐务中大获其利的官吏、豪商的利益。当"官运商销法"实施后，丁宝桢首先革职查办了一批贪赃枉法、民愤极大的盐务官员，随后对那些"贿结官府、垄断盐利、侵欺偷漏、肆其横暴"的豪富盐商重拳出击，致使盐枭、奸商无法横行，官吏不得插手中饱，盐运为之畅销，偷税漏税、拦路抢劫等不法行为亦很少发生。然而实施中并不顺利，由于"事不更州县之手，举百余年中饱悉夺予之官"，自然招致胥吏、富商、豪贾的抵制。他们造谣惑众，多方掣肘，意欲破坏盐务的推行。在谣言的影响下，那些首鼠两端的商人坐以观望，不肯领运川盐。更令人忧心的是公家运盐的经费需要五十万两白银，而向外省借贷仅得八万两。丁宝桢对此亦痛感难以推行下去，但是华联辉却信心十足。他告诉丁宝桢，这次盐政改革，对国家的税收、商人的利益及百姓的生活都有好处，又符合经济规律。这次借贷失败的原因主要在于商情未达，自己愿意亲赴各岸（运销食盐的区域）向商人们开说利弊，沟通思想，打消他们的顾虑。华联辉的游说果然取得了巨大的成功，不到一个月的时间，各岸领运的商家缴纳本金四十余万两，从而使官运大行其道。

利益集团并不甘心自己的失败，他们"故捏词以为耸听阻挠之计"，甚至"贿赂中官，动员清贵于京川，坐养无赖，又复沿途设栈，飞传信息，捏词造蜚"，对"官运商销法"群起攻击，纷纷弹劾丁宝桢。

光绪帝对情况不大了解，于是派员赴川查办。在逆流面前，丁宝桢大义凛然，据理力争，恳请朝廷勿为浮言所动，坚持官运商销的政策，势必最终能打开川盐销路的局面。通过调查和权衡国家利益后，清廷终于否定了投诉。

"官运商销法"施行后，每年为国家增收白银二百余万两，大大缓解了四川的财政危机，并有益于民生。由此，华联辉声名鹊起，西南商界无不闻其大名。

华联辉平素待人诚恳，宅心仁厚，因此商人们极度信任和佩服他。方是时，黔滇两省商号林立，商家"不仗官法（官运商销法）之能行，而恃联辉一言以为身家进退之计"。由此可见联辉在西南三省的影响之大。

丁宝桢的盐政改革，得力于唐炯和华联辉，而起关键作用的则是华联辉。丁宝桢据情上报，希望朝廷破格录用。清廷特旨华联辉以知府衔留四川补用。然而，他功名心淡，力辞不就。值得一提的是，华联辉在四川盐政总局任职数年，纯粹是义务，从未领过薪金，凸显其高尚的人格。

光绪十一年（1885），华联辉病故，时年五十二岁。噩耗传出，西南士大夫商贾闻者，莫不黯然神伤，嗟叹不已，丁宝桢尤为痛惜。

黎庶昌在《华君墓志铭》中，高度评价华联辉是刘晏之后最杰出的理财家，对其在"官运商销法"中的功业给予极高的评价和赞颂。黎庶昌有诗曰："俊杰者谓识时宜，蜀鹾（盐）敝坏谁职之。繄惟华君整其维，大利在国返度支。纲绪既就驾而驰，天乎人与吾匪知，刘晏后舍君焉谁？"

书画大家袁思韠

清代同治、光绪年间，贵州艺坛上闪烁着一颗耀眼的明星——袁思韠。他以卓异的才华独步黔中，名噪京华，饮誉东瀛，成为贵州首屈一指的艺术通才。不幸天不假年，正当其艺术成就达到高峰之时，他却被病魔夺去了生命。

袁思韠，字锡臣，号稚岩，别号双印斋主人、清樗散人，清道光十七年（1837）诞生于修文。祖父袁国珍，系乾隆年间武举人。父亲袁如凯，是清嘉庆十六年（1811）进士。父亲性格豁达洒脱，是一个好做文字游戏的文人，早年有才名，二十岁就登入仕途，在广西怀集当了十年知县。袁如凯教子有方，九个儿子中思干、思韩、韵春先后成进士，六子花畬、七子思韠考中举人。

尤其是思黼工诗能文，精于书画，被人视为同治、光绪年间贵州首屈一指的书画家。

袁思黼虽博雅多能，但科举场上却并不如意。清同治八年（1869），袁思黼中举人，十余年后，以举人考取内阁中书舍人，当了玉牒（皇室族谱）馆差。由于情趣爱好与玉牒馆的工作不甚合拍，加之痛感"不得志于有司"，于是改知府，分发广西。当时，袁思黼的六哥花畬亦将到广西赴任，按照官场旧例，兄弟不得在同省当官。若袁思黼到广西任职，袁花畬必避之广东。为了成全六哥，袁思黼前往广东，在龙州李秉衡幕中随营办事。

时值中法战争时期，国家处于危难之时，由于袁思黼办事精明周详，善于深思熟虑，加之工作勤恳，极少出错，深得李秉衡信任。时两广总督张之洞锐意改革，百务并举，急需人才辅佐，闻袁思黼贤能，立即将其调至广州。袁思黼果然不负张之洞的期望，赴粤后，每日处理繁重的公务，晚上拟定文书，有时还随张出巡海防。由于殚精竭虑，从无闲暇，袁思黼常感心力交瘁，体力难支。因积劳成疾，病情加剧，他于清光绪十四年（1888）十一月逝世，时年五十一岁。

袁思黼的成就不在仕途，而在艺坛。他能文工诗，擅长书画，"其他丝竹音律之属，靡不精妙"。他早年酷爱陶渊明的诗，曾手抄陶诗数遍；他文场失意，颇能领悟陶渊明的心境、情趣及诗中的意旨。中年之后，其诗稍有雕饰，略近晚唐诗风，著有《双印斋诗稿》。时人谓其诗曰："晚稍雕饰，略近晚唐，而别有风趣。"如《风岩受阻二日忆京中旧事》五古一篇，可窥其鄙视官场群小的丑恶面孔及高洁的节操。诗曰：

> 回忆居长安，五色月为迷。权贵恣温饱，群狐媚以嬉。
> 转颜变喜怒，侧视为忻悲。骨肉若陌路，遑恤故旧遗。
> 大则蓄机械，小亦生猜疑。才足以济恶，遇事多扶持。
> 此皆士大夫，经济乃如斯……
> 呜呼此辈出，天下多疮痍。而我乃憨拙，落落恒受欺。
> 或以直见许，或以忍受欺。任人呼牛马，不复争妍媸。
> 人生贵有志，不以穷达期。松柏耐岁寒，高操卓不移。
> 风霜励其节，雨露濯其姿。我行数万里，南北长奔驰。

袁思韠的书法，最为人称道。书精行草和正书，小楷尤优美。当时书苑风气崇尚魏碑，袁思韠却偏爱晋、唐法帖。早年他的书作大都以秀美取胜，后潜心钻研欧阳询，得其神韵，字体益见有力，气韵不凡。袁思韠曾在京城长住了一段日子，喜欢与那些在艺术领域有成就的人士交往，饮酒谈文，品茗论艺，交换心得，相得益彰。正因为袁思韠在书法上深厚的造诣，其名声不胫而走，求楹联碑榜者遍及海内，从而成为京城名重一时的书法大家。袁思韠与四川总督丁宝桢、河南巡抚鹿传霖有旧交情，返乡后一度游蜀、游豫。后来再试文场，他又以失败告终，失望之余，游历吴越之间，纵情于山水之际，吟风啸月，自得其乐。祖国的山山水水、花花草草无疑对袁思韠的艺术创作有着极大的帮助，使其更上层楼，艺术境界更加广阔。

袁思韠的书作较多，民国期间不少读书人家还珍藏着他的墨宝。由于历史的原因和人为的破坏，至今很少看到他的墨迹遗韵。栖霞岭东山寺旁的摩崖石刻"栖霞岭"三字即出自袁思韠之手。据史册记载：光绪二年（1876）初夏，贵阳才人罗文彬痛感贵阳扶风山阳明祠多年失修，目睹先哲王阳明先生遗迹残破，在贵州籍人士时任四川总督丁宝桢的资助下，邀约好友袁思韠共同负责祠中的绘画、书法和碑刻工作。如今扶风山阳明祠中尚存两块阳明先生石碣画像和书法，亦系袁思韠手笔。

　　袁思韠画艺精湛，尤以花卉见长，画面设色淡雅，妙趣天成。人谓其风格似清初花卉大家恽南田，于清丽之中显现出个性本色。著名文学家、外交家黎庶昌（遵义籍）在《莼斋偶笔》曾记录了一段逸事：光绪年间，黎庶昌出任驻日公使，贵阳诗人陈矩（陈灿、陈田之弟）作为随员与其赴日。行前，陈矩曾携带袁思韠的四小幅花卉画作前往。黎庶昌曾对这几幅花卉图评价为："清丽韶美，颇似妇人女子所为，与其书不类（相似）。"有一次，黎庶昌为了招待日本政治要人，特向陈矩借来这四幅花卉画补壁（悬挂壁间），墙上的花卉画大为日本的小松亲王及诸大臣赞美。

　　袁思韠喜在花卉图旁题诗，诗情画意相得益彰，美感洋溢。如画荷花，题云："风风雨雨三十六，横塘西畔采莲归。"如画竹桃，题云："春雨故霏霏，南国蝴蝶飞。紫云低护处，翠袖影依稀。"如画金银花，题云："紫珮贴芳，拟包山意。"由此可见，人谓其"画中有诗，诗中有画"，并非溢美之词。

袁思韠已是昨日星辰，距离今天的我们越来越远。然而当人们缅怀这位先贤时，应该学习他不受地域限制，不为功名所悲，凭借自己的聪明才智，不断地创造佳绩，不断地提升自己；学习他生命不息，奋斗不止，为黔中的崛起而奋斗的精神。

循理守法的杨树

清代同治、光绪年间，贵州士人杨树步入仕途，以清廉公正的官风、精明干练的才能而著绩京华，饮誉三晋，被朝野誉为"学养兼到"的"循吏"。

杨树，字珍林，安顺人。其父杨春发，系清嘉庆二十三年（1818）恩科举人，平生"好客喜士，自处约而待人丰，赈贫周乏，惠及行路。地方义举，既出资以倡，更身为始终，期于必成"。时胡林翼任安顺知府，"每有兴建，必倚为左右手"。清咸丰二年（1852），杨春发被选授为施秉县教谕。两年后，咸同贵州各族人民大起义爆发，烽火遍及全省各地。起义军围攻施秉数年，杨春发与城中官民守城与抗。咸丰六年（1856），施秉城被起义军攻克，杨春发城陷身死。杨树时年十五，亲赴施秉，寻父尸骸不得，乃以衣冠招魂，归而葬之。

杨树幼承庭训，涉猎经史，未及成年，文名震一乡。父亲蒙难后，杨树面对家道中落的困境，目睹悲伤的母亲与两个幼弟，不禁欲哭无泪，悲从中来。时值黔中大乱，为了养家，杨树"囊笔（指笔墨生涯）游蜀，游江右（江西）"。

清同治六年（1867），杨树乡试中举。次年进京会试失败，三年后（1871）援例入内阁，任中书，到内阁直房行走。在此期间，杨树接触到直隶及各省上报的民刑案件，从中了解和学习到不少政情、政务及应对处理的办法，从而为其将来出任地方官奠定了基础。

清光绪二十年（1894），杨树以资深中书委署侍读，两年后升补内阁侍读。杨树作风正派，注重名节，颇受同僚敬重。在其任侍读时，一位会试落第的举子想通过走后门的方式谋求官职。他打听到某名士曾攀附某内阁侍读而当上了内阁中书，恳求杨树替他打通关节，向那位内阁侍读施压。杨树对这种利用别人的瑕疵去谋取私利的做法大不以为然，立即拒绝。

杨树平生"持论侃直不阿，亦不作依违两可之论，直抒所见，能言人之所不敢言"。光绪二十年（1894）七月，中日战争爆发，史称"甲午战争"。夏秋之际，北洋海军提督丁汝昌率领舰队护送轮船运兵在黄海大东沟登陆，返航途中突遭日本舰队的袭击。消息传到北京，朝野震动。战事尚无分晓，真相扑朔迷离，人们议论纷纷，胡乱猜测谁胜谁败。杨树听到同僚的议论，突然语出惊人："此非中日之战，而合肥、常熟之战也。决战已否，不数日当见分晓。"李鸿章乃安徽合肥人，时任文华殿大学士，是北洋海军的创建者，掌握军政外交大权，是朝廷中炙手可热的人物。翁同龢系江苏常熟人，光绪帝最亲信的老师，提倡"尊王攘夷"，时任户部尚书，参与军机与外交事务，在政府中有相当的权势。李鸿章政治上接近西太后，被翁同龢所厌恶。光绪十六年（1890），户部停止南北洋购买外国军火，李鸿章、翁同龢不和表面化。之后与朝鲜交涉，李主张依赖外力钳制日本，翁主张依靠自力抵御日本，双方成见愈深，争斗愈烈。杨树认为这场中日战争，不管胜败如何，最终将会有人承担责任。当时北京城中盛传"宰相合肥天下瘦，司农常熟世间荒"的谑语，嘲讽李鸿章、翁同龢误国误民。杨树不直举其名，而以人所共知李、翁的籍贯影射两人，委婉地道出内争的危害。

杨树在内阁任职二十余年，勤勉谨慎，贞介自矢，为历任大学士所倚重。充文渊阁检阅官，管理稽查房事务，凡所撰文，条理精密，识论宏通，索阅草稿者继踵相接，而声名日高。他数次京察一等，最后记名以道府用，发往山西。临行前，杨树把自己这些年来在内阁的文件、簿册及余银移交给后任。这在当时贪污成风的官场来说，简直是特大新闻，同僚对杨树清廉自守、克己奉公的节操惊为奇事。

光绪二十六年（1900），杨树出任山西蒲州知府。上任之前，山西人民为反对帝国主义的文化侵略，爆发了泽潞教案。泽州所属的凤台、高平民众杀教民数百人，焚毁教堂十余处，导致外交冲突。西方传教士趁机要挟，勒索巨额赔款，前两任太守因为处理教案失当而被撤任革职，致使案子一拖再拖，未能结案。山西布政使吴廷彬为此事弄得焦头烂额，认为与外国人交涉，"非才识优越者不能胜应"，为此特调杨树暂时代理泽州知府，处理这件棘手的案子。为了不辜负上官的期望，杨树上任伊始，便着手处理教案。他"力持大体，不以外交戮一人以媚外；其以教案牵控者，亦不妄责一人以要功"。在与外人交涉时，杨树不卑不亢，有礼有节，不畏恫吓，据理力争，最终迫使对方放弃无理要求。此案结束后，杨树在泽州又待了半年，其公正廉洁、关心民众疾苦的官风，赢得了百姓的普遍赞誉。

在蒲州任上，杨树勤于政事，亲民爱民，深受民众爱戴。三年后，因政绩卓著、精明强干而被调任太原知府。太原系山西省会，府署设有发审局，凡属各府州县押解省城的疑难大案，均在这里复审。杨树上任后，每天都要到局里亲自审讯，一年结案百余起。之后，杨树代行山西按察使、山西提学使。清宣统元年（1909），杨树升任甘凉道员，同年病逝于兰州，享年六十九岁。

在山西任职的九年，是杨树人生最闪光的九年。过去官员到山西赴任，大多视为畏途，因为山西民风强悍，民众难以驾驭。官员如若治理不善，百姓则聚众抗争。杨树在对待有关民生大事的突发事件上，冷静客观，因势利导，显现其高超的政治能力。如泽州辖地高平百姓聚众抗捐，蒲州万泉、永济民众的抗粮事件，太原所属的太宁民众群起闹事，杨树"皆不动声色，能定变于俄顷"。杨树勤于政事,关心治地建设及民间疾苦,"勘灾筑堤,治河捕蝗,所至尤注重教育,提倡文化"。所到之处,"诚信孚人,政平讼理""治绩为全省之冠""清名惠政表著三晋之间",他不仅得到广大人民群众的赞誉,而且多次得到朝廷嘉奖。其政绩多次被登在政府官报上,为近世外吏罕见殊荣。

杨树是一个学养兼到的循吏,平生注重道德修养,其自订《年谱自序》中,这么写道:"余居内外官四十年,有不为习尚者二十余事:'不拜认师生,不与人换帖称兄弟,不为人作寿序墓志铭求财礼,不请人分资,不向堂官求差事,不带人担账,不向人赊欠,不拉账出京,不招妓狎优,不夜宿于外,不饮酒至醉,不赌博,不当典衣物,不失色于人,不向人诳语,不占人便宜,不向人指誓,不与人代倩(请求)作文,不代人作竿牍(书信),不结交部书票号铺伙,不与方外(世俗礼教外)人往来。外任后,不以己事干求上司,不求朝贵函牍,不以节寿生育家下事招客称贺,不受同官属员馈遗,不荐幕友家丁,不滥用车票、马票。事必躬亲,案无留牍,谳局(审判定罪庭)无延搁之案,班馆无久押之人,官厅无守候之宾,衙门无游食之客,并无官亲族党在署,亦不招纳往来闲散之徒,马夫、厨役、裁缝、剃头等人,皆朝暮随时雇用,不私蓄若辈。'"字里行间无不显现其清廉自持、洁身自好的品性与节操。

杨树擅长书法,长于文学,是晚清安顺著名诗人之一。其一生著有《澡雪堂诗》《澡雪堂文》《求心得斋杂记》《楹联集句》《松窗小志》等。

何威凤的丹青人生

清代咸丰、同治年间,贵州人才蜂起,广大士人以"万马如龙"之势,纷纷拥出崇山峻岭,角逐于华夏的科举场中,书写了"俊杰之士,比于中州"的文化现象。其中,石赞清、但明伦、丁宝桢、李端棻对国家民族所做出的贡献,郑珍、莫友芝、黎庶昌等人展现的文学才华,均被国人所认同与赞许,他们的流风遗韵影响着一代代黔人。遗憾的是,自明清以来,在书画领域中,贵州却少有丹青大家,能被全国所公认的仅有明末的杨文骢(字龙友),清代的袁思韠、何威凤、姚华等人,这不得不令人遗憾。

古往今来,一个人才的崛起绝非偶然,这与其所在地方的历史文化、地理环境、家学师承、个人素质及才华学识有着一定联系，我们可从何威凤的人生经历与艺术成长中得到启示。

何威凤的故乡安顺，地处贵州省中偏西南部。据史册记载，春秋战国时代，这里是西南夷的聚居之地，亦是古代黔中文化的发祥地。明代旅行家徐霞客壮游西南时，在游记中说，安顺是一个"城垣峻整，街衢宏阔"的地方。到了清代，安顺更加繁荣，成了"城楼跨街，市集甚盛"富甲全省的商业城市。商业的发展必然带动文化的勃兴，文化的勃兴亦推动经济的发展。自明清以来，这里人才辈出，科甲鼎盛，涌现出二十七名进士及数百名举人，何威凤就是举人中的佼佼者。

何威凤，字翰伯，号东阁、藻笪，由于喜爱琴、棋、书、画、诗、酒、花之故，又别号"七癖"。清咸丰三年（1853），何威凤诞生于安顺府清镇县（今贵阳市清镇区）一书香人家。其祖父何端，清道光九年（1829）进士，当过河北广平、四川荣县知县。何端平生爱好诗文，著有《了我轩诗文集》。何威凤早年历尽坎坷，备受艰难：儿时丧父，随母迁居安顺，家中既无恒产，又无亲友帮助，母子相依为命，仅靠母亲纺织艰难度日。之后，母亲患足疾不能工作。为了奉养母亲，七岁的何威凤担起了家庭生活的重担，沿街叫卖芝麻糖，不顾风霜雨雪、严冬酷暑，安顺城内的大街小巷中总能看到他瘦小的身影。由于家庭的影响，他酷爱读书，虽身处逆境而兴趣不衰，每日做完生意，常到塾馆外静听塾师讲课。他的这种求知精神进入了一位博学鸿儒的视线，这人就是开馆授徒的安顺宿儒郭春帆。

郭春帆,名临江,贡生出身,当过安化(今德江县)教谕。人谓其"博览多通,书画皆有别致,道德品行为乡间所矜式(敬重和取法)"。郭春帆看何威凤少小孤贫,敏而好学,知其将来不是寻常之人,出于爱才,便免费请其入馆就读。一位才高学博的老师,一个天资颖异的孩童,由于缘分的关系,就这样相遇了。可以说,何威凤得识郭春帆,是其丹青人生的新起点。

启蒙教育对一个人来说十分重要,能得到良师的教导就更为难得。在郭春帆的谆谆教导下,何威凤的学识与日俱增。教学之余,郭春帆常磨墨摊纸,挥毫作画,在其游动的笔下,花鸟虫鱼、峰峦山石、流水碧云便一一跃然纸上。原来绘画是这么神奇,这么富有诗意。这对一旁观看的何威凤来说,简直是不可思议,且深深地触动了他的心弦。他想,今后一定要像老师一样当一名画家。每当老师作画之时,何威凤总是处处留心、笔笔在意,看老师如何构图、如何用笔、如何设色、如何点染,并琢磨其立意之所在。就这样,他的艺术素养渐渐提高,慢慢地领悟出其中的诀窍。

在郭春帆的感染下,何威凤开始学起绘画来。他知道做任何事,都是一分耕耘、一分收获,明白任何艺术不可能立竿见影、一蹴而就,要学好绘画必须付出毕生的精力。因此,他用平时省吃俭用留下的钱买了几捆宣纸和笔墨,开始在家中学起绘画来。杜甫曰:"十日画一水,五日画一石。"何威凤把这两句诗作为自己学画的座右铭,一丝不苟地练习,日摩心追地潜修内视,从而使那些无形的色彩、线条在心中回旋激荡,遂使他的艺术生命在不知不觉中潜移默化,更上层楼。

何威凤绘画的范围很广,六畜鸟虫、花卉草木、竹木山水,目之所遇,即可模拟成画,无不逼真。据前人所言,何威凤最爱画动物,在他的笔下,有昂首长啸的骏马、威震群山的狮虎、翱翔天际的苍鹰,而最被人称道的是画凤。何威凤以凤为名,以凤入诗,更以凤为画。他的画作以画凤最多,以画凤最精,以画凤最为世人所重。画凤表现了他的孤高自傲、不随流俗的愤世之情。

自古以来,诗、书、画一体三面,成为中国文人表现才情的特色。诗人能够独行其事,书法家便需要诗人的素养,才能进入更高的境界;而画家更需要兼备诗人和书法家的造诣,这样才能登峰造极,睥睨艺林。作诗是中国士人的基本功,诗的好坏则要看创作者用字、用韵、平仄、对仗的功力和思想境界。何威凤学诗受过严格训练,加上自己有才情、有境界,其诗给人一种孤傲不羁、超尘脱俗的感觉。如《题凤诗》云:"凡鸟谁辞众羽嘲,九千肯信击丹霄。竹梧终有安巢日,寄语青鸾好见邀。"自诩自己犹如凤凰,虽被凡鸟嘲笑,然而终有搏击丹霞、一展宏图之日。从何威凤早年著的《何东阁诗草》来看,其诗诗意盎然,别有深意,文学修养深厚。何威凤早年学字临习王羲之、王献之、欧阳询、颜真卿的字帖,后研习秦汉魏晋碑版,之后慢慢形成自己的风格,尤以楷、隶、行见长。人谓其楷书清丽有力,横竖多变化;隶书笔力苍劲不失枯槁,体方势圆有飞动之感;行书刚中有柔,间用篆书笔法,颇呈怪异之美。

随着时光的推移，何威凤已是一个被士林所瞩目的青年才俊。他天资独具、才华横溢、性情奇傲、不合流俗的名声慢慢传到了名士周之勉（字文轩）的耳中。周之勉系清同治十年（1871）进士，曾因军功保同知衔，累委优差。但周之勉不乐仕进，热心教育，改官出任镇远府教授。其后，其父病逝，周之勉归里丁忧，守制后主讲安顺凤仪书院、贵阳贵山书院。周之勉是一位学养俱丰的教育家，为贵州培养了大批人才。其中，最有名的莫过于清光绪九年（1883）进士黄桂荣、姚大荣，光绪十二年（1886）贵州第一位文状元赵以炯及他的弟弟赵以煃进士，光绪二十一年（1895）进士胡嗣芬。

周之勉见到何威凤时，便被这位嶔崎磊落、才华纵横的年轻人所吸摄，不顾对方家境贫寒，便将女儿许配给他。周之勉非常器重这个女婿，不仅在生活上支持他，而且在学业上予以大力帮助。

光绪十一年（1885），何威凤乡试中举，不久北上京都参加会试，名落孙山，遂入南学研读。此时期，何威凤饱受生活的艰辛。然而，他奋发为雄的意志更加坚强，对艺术的探索越发执着。正是这种敢于面对现实，不断完善自己的精神气质造就了他。《贵州通志·人物志》称这时的何威凤："落拓京华，侘傺（失意）不偶，发为诗文，声情勃茂。并精四体书，又娴绘事，以故声闻雀起一时，学中有南凤北龙之目，南凤即谓威凤也。"

由于生活困窘，何威凤一边就学，一边卖画为生，其书画艺术精湛，一时间驰誉京华，为士大夫所瞩目。有一次，贵州籍文状元赵以炯买了一把杭扇，准备贡给慈禧太后，特地拜望何威凤，请其在扇面作画留书。何威凤不负所望，在扇的一面画上杨柳图，在另一面题了一首七绝诗。慈禧得扇后赏玩之余，对何威凤的书画艺术十分欣赏，尤其对诗中"柳色青于名士眼，桃花红似美人心"一联赞赏不绝，称何威凤"文雅风流，当代无双"。

中兴名臣李鸿章对何威凤的书法评价甚高，曰："何威凤所书字体，技巧娴熟，得力于欧阳率更三十六法，实为今世不可多得之人也。"权臣翁同龢与著名学者王闿运也非常赏识何威凤的艺术才华。翁同龢系咸丰六年（1856）状元，同治、光绪帝的老师，以书法名于时，被人誉为"叔平（翁同龢字）相国书法不拘一格，为乾嘉以后一人……论国朝书家，刘石庵（刘墉字）外，当无匹敌"。当翁同龢看到何威凤的书法时，竟然抑制不住内心的喜悦赞叹道："观其点画，藏力于内，筋骨显然；其雄秀潇洒，遒劲挺拔，令人生爱。此人初学右军父子乐毅论、洛神赋，继学颜（真卿）、欧（阳询）与魏、晋碑版，皆能别开生面。"能得到翁同龢如此评价，可见何威凤的艺术造诣已达到极高的境界。翁同龢爱才如渴，便纳何威凤于门下。师生关系密切，时相往还，不时谈论古今，评书议画。一日，何威凤忽感身体不适，卧病在床。翁同龢闻之，亲临病榻探望，执其手问其病，关爱之至，令何威凤感动不已。鉴于何威凤地位卑微，翁同龢便以其才高学富而向庆亲王奕劻推荐，意欲为其谋一前程。

奕劻时任总理各国事务大臣，权倾一时，平素好名好利，自命风雅。为了替自己博一个礼贤下士的好名声，他登门拜访何威凤，向其征询强国之策。何威凤性格刚强，深恶巧言令色、媚颜误国之徒。他当着奕劻之面痛陈时弊，提出选贤任能、革除庸才、改革内政、抵御外侮之策。奕劻本是一个卖官纳贿、贪污腐化的皇族，听到何威凤指责清政府的腐败无能，如同被冰水泼面，心生寒气，便匆忙告辞。由于厌恶这位"狂生"，奕劻对何威凤弃置不用。之后，在翁同龢的荐举下，何威凤入甘肃布政使岑春煊幕府当幕宾。岑春煊亦惜其才，隆以上宾，奉之厚币。

光绪二十六年（1900），八国联军攻入北京，岑春煊率兵"勤王"，因护送慈禧太后与光绪帝至西安有功，自此官运亨通，先后出任陕西巡抚、四川总督。两年后，岑春煊改任两广总督，再次邀何威凤前往。何威凤久居幕中，见岑春煊并无"知人之鉴"，痛感寄人篱下，壮志难酬，于是托病辞幕，返回故乡。临行前，他曾为友人画马，在题词中写下了这样的诗句："村儿不识真龙马，道是他家老驳牛。等与牛羊同槛牧，腾骧无术敢昂头。"以此表达了自己怀才不遇、傲然独立的人格。

返回贵阳后，何威凤以琴书自娱。晚年一度回安顺居住，常游于清泰庵，想从佛老中得以超脱尘俗。之后，他又主讲于贵阳正本书院，并以书画糊口。民国七年（1918），何威凤走完了自己的丹青人生，享年六十五岁。

西南之雄——雷廷珍

清光绪二十年（1894）八月，天津人严修出任贵州学政。在任期间，严修以讲求学术、振起人文为己任，锐意兴革，以改变"夜郎旧习"为职志，致使贵阳成为维新变法最早的舆论阵地。严修在黔创建官书局及在经世学堂进行教育改革时，无不得助于贵州士人雷廷珍的鼎力支持。正是由于他俩的精诚合作，贵州新式教育才得以茁壮成长。

雷廷珍，字玉峰，清咸丰四年（1854）诞生于贵州省绥阳县一士人家庭，七岁发蒙，随父学习诗文。父亲一生科场不利，没有什么功名，后来又遭遇咸同贵州各族人民大起义，流离转徙，历经艰难，时时不忘告诫儿子好好读书，重振家业。

经过几年的磨砺心志，勤奋苦读，雷廷珍进入绥阳洋川书院就读。在此期间，他逐渐认识到，自古以来，中国士人存在着脱离实际、空谈务虚的弊病，不惜耗一生之精力，纠缠于古文、今文及汉学、宋学孰优孰劣的理论争执，相攻相诘，没完没了，从而淹没了个人的灵性，忘掉和忽视了时代关系。正因为有了这种认识，雷廷珍致力于经学，"以通经为体，匡时为用，事事存疑，以求其安"。为此，他"因据群经诸子之传述记载，逆流溯源，消息经义（抓住经义的关键），而取荀孟之所长，一以时中为宗旨，大同为依归，合炉而冶"，以求致用于现代。他劬读覃思，淬力经学，兼之"性明绝、志奇伟"，几年之间，便"通小学（文字学）、群经、子史"，进而阅读和研究西方的政治、经济、哲学、历史、文化等书籍，思想得以升华，一跃而为精通儒家经典并具有现代意识的士人。

光绪十四年（1888），雷廷珍中举，北上游历京师，通过接触新思想、新文化，对新学、新思想有了更深的认识，从而对改革思潮寄予了极大的赞许和支持。

光绪二十年（1894）岁末，严修就任贵州学政，上任不久就耳闻"绥阳先生"雷廷珍的大名。当他阅读到雷廷珍著述的《经义疏证略例》时，不禁被其内容深深吸引。严修系翰林出身，旧学根底深厚，认为雷廷珍能"内探经史之要秘，外观中外之事机"，的确是一位饱学之士，欣赏之余，不禁赞许道："作者经学造诣不浅，是贵州的俊才。"

次年，雷廷珍应聘到贵阳讲学，终于与神交已久的严修见面。两人如遇知己,钦佩之情由此倍增。四月中旬,《马关条约》签订,清政府丧权辱国。严修和雷廷珍得知消息后,相对黯然,热泪纵横,更加意识到不改革弊政就无以图存的道理。

光绪二十二年(1896)三月,在严修的延聘下,雷廷珍就任贵州官书局董事。在任期间,他与严修等人共同拟定章程和借书条例,在全省各府州县建立图书发行网。贵州官书局的创建,有着深远的意义。它不仅将知识文化深入贵州的各边远地区,对启迪民智和扩大士人的视野贡献甚大,并且为西方近代自然科学、人文知识及改良主义在贵州的传播铺平了道路。

就在这一年,刑部侍郎李端棻向清廷上《请推广学校折》。在奏折中,李端棻全面系统地阐释、规划了未来中国教育的全景,提出了未来实施的"一经五纬",那就是:"一经",即以设立京师大学堂及各省中小学为主干;"五纬",即设藏书楼、创仪器院、开译书局、广立报馆、选派游历等五项措施。

严修十分赞同李端棻的观点,针对贵州文教落后的状况,认为要跟上时代,就必须进行书院改革和教学内容的改革。在改革书院之时,并无前例可循,加上僚属对改革旧制认识不清,疑虑重重,因此附和者不多。在雷廷珍的大力支持下,严修召开了各书院山长和学师会议,在取得共识并得到省府同意后,决定以省城南书院(又名学古书院)做试点,并亲自手订《肄业条约》,令各州县保送优秀生员四十人住斋肄业。

严修在书院山长的人选上十分慎重,考虑再三后决定由雷廷珍担任。他诚恳地告诉雷廷珍:"先生屈就山长,非我一人的主意。省府州县各长官,也倍加推崇。细数黔中人才,非先生莫属。"话已至此,雷廷珍无法推拒,于是欣然接受山长之职,并积极参与书院的筹办事宜。

学古书院正式开学后,雷廷珍全身心地投入教学工作中。在此期间,他不仅要主持书院日常事务,还要主讲经学等课程;他事必躬亲,以身作则,视学生如子弟,关心他们,爱护他们,并以自己高尚的人格、渊深的学识,得到了书院师生的爱戴。在教学时,雷廷珍引经据典,贯通古今,评说时弊,切中要害,深深地吸引着学子们;其学术之纯正,见解之精辟,无不为学子们所倾倒。

雷廷珍常告诫学生:"若志在圣贤,志在天下,而欲修齐治平之业,成智仁圣神之功者,舍五经更莫得其道。"时人因此对其评价曰:"黔人讲学,敢破格,敢于疑古者,雷廷珍一人而已。其治经推一本万殊之法,类乎论理之归纳演绎;其言政术,持历史进化之说,有合于西方政治原理;其天资之敏,近于陆象山(陆九渊);其治学之严,类乎顾亭林(顾炎武),盖纯然一学者也。"

雷廷珍和严修相互支持,视为同志,教学之余,一起论学术、谈时事,常常废寝忘食。他俩同心协力抓教学,坚持月考和奖罚制度;出资为书院订阅《时务报》《申报》,以供学生阅读,使他们了解国家的现实状况;同时倡导学生展开学术辩论,活跃书院学术气氛。当年全省科考,受教的四十名高才生果然不同凡响,学古书院成绩为全省之冠。

光绪二十三年（1897）八月，严修上疏朝廷，提出仿造康熙、乾隆年间两次举鸿词科、一次举经学的特科先例，请求另设经济特科，以此选拔那些"周知天下郡国利病""熟悉中外交涉""算学译学擅绝专门""格致制造能创新法""堪游历之选""工测绘之长"及"统立之专名"的新型人才，以顺应时代要求。在疏开经济特科一事上，雷廷珍不仅是严修的大力支持者，而且其主持的学古书院是改革思想的实践地。教学之余，雷廷珍勤于著述，著有《经义正衡》《时学正衡》《声韵旁通》《文字正衡》等书。

是年年底，严修任满离黔，返回故乡。学古书院易名经世学堂。次年戊戌变法失败后，雷廷珍慨然于新旧学说之纷纭、政治之腐败。正当他苦闷彷徨之际，笔山书院聘请他担任山长一职，邀请人即兴义团练统领刘官礼（字统之）。刘官礼痛感该地文教落后，人才不兴，特捐资重修笔山书院，四处物色山长人选。当闻知雷廷珍学养深厚、治校有方时，便诚挚地邀请其前往兴义主持笔山书院。

笔山书院创建于十八世纪中叶，十九世纪初叶和中期都曾重建，后毁于咸同年间贵州各族人民大起义。自光绪十五年（1889）刘官礼重修后，笔山书院设施齐备，规模宏大，兼之师资雄厚，藏书丰富，一跃而为黔西南最高学府。在笔山书院任教的三年间，雷廷珍治校有方，教授得法，改变了往昔学子学习八股诗赋的模式，正如《兴义县志稿》中所言："自戊戌（1898）雷廷珍提倡经学、小学，住院生月呈笔记，常当堂课给奖，广置

《时务报》及经史子集,以供涉猎,学风为之一变。"为此人才联袂而起,为兴义的文教勃兴奠定了坚实的基础。

时湖广总督张之洞大力倡导"中学为体,西学为用",闻知雷廷珍所持的观点与自己暗合,加之久慕雷氏学养,于是派人邀请其赴武昌两湖书院讲学。雷廷珍一向敬仰张之洞,受邀后立即前往,行至重庆,猝然病倒,逝于船上,时年五十岁。门生孙士杰、唐桂馨(进士)护柩归葬绥阳。

雷廷珍是贵州近代新式教育的奠基人之一。他在主持学古书院、经世学堂及笔山书院期间,为国家培养了大批人才,如姚华、王伯群、毛邦伟(北京女子师范学校校长)、周恭寿等,终生得益于其熏陶和教诲,活跃于华夏的文坛、政界和教育界。人谓"黔中才俊,多出其门",此言不谬也!

姚华在《先生遗像赞》中,怀着无限的敬意,尊崇老师雷廷珍为"西南之雄",并对其有如是评价:"立言不朽,为学者宗。沛然贵雨,尚矣黔风。有道无时,身没名隆。呜呼先生,五经无双。"

辛亥革命后,雷廷珍的弟子刘显世(曾任贵州省省长),在贵阳扶风山建贵州汉代教育家尹道真先生祠,以老师雷廷珍配祀,凸显其对贵州文教之贡献。

翰墨名家严寅亮

清末民初,贵州印江举人严寅亮走出崇山峻岭,来到京城,在人才济济、书家云集之地,脱颖而出,从而获得书写皇家园林"颐和园"匾额之殊荣,自此饮誉士林,闻名全国,成为艺林一时之佳话。

严寅亮,字弼臣,号碧岑,又号阳坡山民,贵州思南府印江县(今印江自治县)人,清咸丰四年(1854)诞生于一习武士人家庭。严寅亮聪明早慧,勤学好问,少时就显现其禀赋特异之处。他对书法情有独钟,每日读帖习字,孜孜不倦,心追手摹,乐此不疲,十四岁时书法渐趋成熟,大有可观。忽一日,严寅亮兴之所至,立即磨墨摊纸,奋笔疾书匾额"竹筠松茂"四字。那遒劲流畅的笔力、美观大方的字体，立即轰动了四乡的读书人。人们惊诧之余，不得不佩服这位"书法神童"。

清同治十二年（1873），严寅亮入思南府学就读，旋补弟子员，三年后赴省城贵阳乡试，未中后返回思南西乡执教。

清光绪十五年（1889），严寅亮再试文场，中举人，授四川候补知县。后北上京师，先在国子监深造，继而在某侍郎家教书谋生，随后考中清廷宗室官学教习兼国子监南学斋长，继续研习经史训诂之学及古文辞。

光绪十七年（1891），严寅亮会试落选，返回故乡印江，六年后赴贵阳，主讲于正本书院兼在贵阳府校阅文件。光绪二十四年（1898），应聘主讲铜仁书院，历时三年。光绪二十七年（1901），严寅亮辞去教职，北上京城，取道四川，经陕西、山西，然后赴河南开封应试，试后经清廷评选，以盐大使留北京候用。

北京乃中国政治、文化中心，人才荟萃，高人云集。严寅亮非常珍视在京的这个机会，广交当代名流学者，虚心向他们请教学习，从而使自己的学养日增、眼界大开。每当闲暇之时，他常到琉璃厂荣宝斋去观摩历代文人的书法艺术。看到王羲之及汉、魏、唐、宋等大家的墨迹，他驻足凝视，意欲从古圣先贤的墨痕笔意中探究其风格与韵味。经过长期的揣摩，严寅亮有所感悟，于是上探篆籀，近学欧（欧阳询）、苏（苏轼），然后将其精髓融会贯通，冶为一炉，并在此基础上有所发扬、有所创新，形成了自己的书法风格。

今人陈训明先生在《贵州书画家简论》中对严寅亮书法艺术有如是说：

> 他的书作特点，在于兼采碑帖之长，融欧、苏刚柔之美；上探篆籀，还刀法于笔法；不宥一格，秀媚中饶有风骨。各体俱能，楷、行尤精。他的楷书雍容大度，体势轩昂，运笔不涩不浪，布白自然疏朗；他的行书潇洒自如，无做作之态，无险怪之笔，前后照应于无心得之，最堪玩味。然馆阁气息犹未尽除，或可谓馆阁体之佼佼者也！

严寅亮极有个性，对扼杀个性的封建科举制度十分不满，认为仅以试策取士未免失之偏颇，从而埋没了许多怀才不遇的士人。对此，他十分不满却又无奈。基于以上认识，严寅亮不再学那些"数卷残书，半窗寒烛，冷落荒斋里"面壁苦读的士人，决定将精力投入所喜爱的书法艺术上。

光绪二十九年（1903），颐和园终于修复竣工。这个皇家园林，为了满足慈禧太后的私欲，不惜耗费了国家大量资财。园内亭台楼榭、殿堂高阁，无不巧夺天工；奇花异卉、山石林木，无不出自国中珍品。整个园林的建造，极尽奢华之能事。

颐和园重修竣工后，严寅亮的好友高熙哲把颐和园匾及殿堂榜题给他观摩。高熙哲系翰林院编修，在庆亲王奕劻府邸兼塾师，并与其交谊甚深。是年，奕劻正逢六十五岁寿辰，高熙哲以十六字对联为其祝寿。奕劻文化虽不深厚，但写得一笔好字，见寿联书法劲健，洋溢着阳刚之美，不禁目光为之吸摄，赞赏之声冲口而出。当他得知此联出自于贵州举人严寅亮之手时，不禁对其有了印象。之后，奕劻为"颐和园"三字匾额向京城征求书法。北京擅长书法的名家高手无不争相献书，意在夺此殊荣。慈禧太后看后，竟没有一幅中意。当高熙哲得知南书院、上书院及各大翰林所书匾联均被淘汰后，于是向奕劻推荐严寅亮。奕劻亦无把握，转嘱让其一试。

严寅亮允应后，先将那些不合慈禧旨意的匾联展出观摩，仔细琢磨未能中选的原因。在此基础上，他勤研苦练，精心构思，待到精神和运腕达到最佳状态时，然后提笔挥毫。一时间，雪白的宣纸上烟飞笔底，墨涌寒涛，一幅行楷革变而成的"颐和园"匾额榜书便问世了。当奕劻把严寅亮所书匾额送往朝廷擅长书法的官员们观赏评价时，好评如潮，佳誉盈耳，无不赞美叫绝。奕劻见此，心中暗喜，便呈慈禧定夺。慈禧亦非常满意，于是嘱咐奕劻，将颐和园内的殿、堂、楼、阁匾额十八方，对联二十三幅全部交付严寅亮书写。严寅亮不负所望，竭尽心力，顺利地完成了使命。慈禧看后，欣喜之余，特召见严寅亮，赐予镌刻"宸赏"二字的玉章一枚，以示嘉勉。对此殊荣，严寅亮并不感到自满，谦虚地对人说："余生平浪得虚名，愧不副实。"颐和园开放后，来自全国各地的书法爱好者进入园中，都想一睹这位来自西南贵州边远山区的书法家的墨迹神韵。待亲眼看见严寅亮的墨宝时，人人观赏摩挲，叹为观止，久久不忍离去。

光绪三十三年（1907），严寅亮以盐大使升任知县，加同知衔，分发四川。这时成都官书局的旧友们出资将其平时书法中的得意之作付诸石印，取名《剩广墨试》，以赠同好。曾任驻日外交官的贵阳诗人陈矩为之题跋曰："碧岑道兄书，娟秀中自饶风骨，殆集唐、宋诸家之长。"又曰其书法"铁画银钩，辉映霄汉，莫不艳羡"。思南籍进士程械林题序曰："弼臣老友以善书名京师，此游蜀中，而书尤进。报局同人以其素所临池若干篇，石印成帙，于是老友为不朽矣！工竣之日，同人莫不欢喜赞叹！因题数语。"此帙问世后，得到书法界的高度评价，严寅亮之名不胫而走，成了闻名全国的书法家。

自古以来，中国人喜欢用名人墨迹去装点江山胜迹，以增其含金量。由于严寅亮在书法艺术上有如此造诣，因而名山寺观、风景胜地纷纷向其索书。严寅亮遵其所求，精心书写，在许多地方留下了墨宝。如成都的杜甫草堂、望江楼公园，贵阳的中山公园梦草堂、黔灵山麒麟洞，修文的阳明祠，黄平的飞云洞，等等，都留有他的题字；闻名全国的佛教圣地梵净山现存的"黔山第一"的匾额、敕赐碑"名岳之宗"，以及铜仁的石刻碑文《改修铜江书院记》，均出自其手笔。其精心书作还有享誉世界的黄果树瀑布观瀑亭联："白水如棉，不用弓弹花自散；红霞似锦，何须梭织天生成。"印江城南丰瑞桥碑文拓本及撰桥联："十种山前无二举，九道溪中只一桥。"贵阳大西门外民国著名军人卢焘母亲墓联："春晖寸草夜郎道，明月梅花慈母园。"除了以上书作，严寅亮还有许多石刻、石碑、石坊、联屏、招牌、序言、跋语、题扇、名片存世。其字体多变，类型之多，在同时代的书法家中亦不多见。

严寅亮对家乡感情深厚，辛亥革命后，他从成都返回印江。针对家乡文教落后、学龄儿童无校可读的状况，他邀集士绅创办正基初级小学。民国二年（1913），他离开故乡，定居贵阳，自此开始了近二十年的教书生涯。他先后在贵阳国学讲习所、省立女子师范学校、省立一中等校担教职，讲授国学、习字等课。为了培育人才，他殚精竭虑，不辞辛劳，每周教课达二十节，从未贻误学生课业。他所教授的学科，人才辈出，颇受社会好评。每当教学之暇，他始终不能忘情于书法艺术，每有索书者，从不拒绝。

民国二十年（1931），严寅亮已七十七岁，鉴于体衰多病，心力交瘁，辞去各校教职，颐养天年。两年后，他痼疾复发，与世长辞，享年七十九岁。

严寅亮是一位道德高尚、才华横溢的封建士人，是一位不囿于封建传统、思想进步的艺术家。他关心国事，情系家邦，将自己的命运与民族的前途紧紧相连，直至临终前仍不忘嘱咐家人："凡我子孙世代，必须遵行《严氏家训》，各奔前程，为国效劳。"可见其对祖国深挚的爱。

民国贵州首任教育厅厅长周恭寿

清末至民国年间，贵州麻哈州（今麻江县）走出了周氏兄弟：兄长是创建贵州小学、中学、大学新式教育的教育家周恭寿，弟弟是对中国现代物理学理论、科学启蒙教育卓有贡献的著名物理学家周昌寿。

清光绪二年（1876），周恭寿诞生于麻哈州景阳乡一书香仕宦人家。祖父周之翰，举人出身，历官内阁中书及知府。父周诚，举人，后任知县、盐运使等职。周恭寿自幼聪慧，好学善思，加之家学渊源，致使其学有根底，并且在少年时就铸就了"修齐治平"的远大理想。

周恭寿身处清王朝内外交困、国势颓微的年代。当时，清王朝在中法战争、中日甲午战争中相继败北，西方列强在中国刮起了割地狂潮，国内革命浪潮风起云涌，直接威胁到清王朝的统治。随着维新运动在全国的悄然兴起，为了缓和广大士人的不满，清王朝出于无奈，打起了维新变法的旗号，推行政治改革。在这场攸关国家前途命运的变法中，光绪帝采纳刑部侍郎李端棻《请推广学校折》的建议，"自京师及各府州县皆设学堂"，一场教育改革的运动在神州大地全面铺开。

时任贵州学政的严修，在这场"大变局"的历史际遇中，以其高远的识见，把"育才"作为"黔中之要务"，认为"方今时势，非自强不能自存，非人才不能自强，非讲学不能育士，非合众不能励学"。

光绪二十一年（1895），严修在贵州开办官书局，以此启迪民智。两年后，严修改革省城学古书院，将其更名为经世学堂，本着"中学为体，西学为用"的原则，以培养贵州第一代具有近代科学知识的学生为要务，从而揭开了贵州近代教育改革的大幕。

经世学堂的诞生，对关山阻隔的贵州来说，是件划时代的大事。为了办好经世学堂，严修亲临各府搜寻查访，选拔了四十八名高才生，其中就有麻哈州的周诚、周恭寿父子。严修在《蟫香馆使黔日记》中曾写道："麻哈文童周恭寿叔侄，写作俱佳，为全郡所弗及。恭寿器宇轩昂，颇不寒俭，美才也！"日记中所提到的"叔"，实际上是周恭寿之父周诚。封建科举制度因忌讳父子同科，故称"叔侄"。由日记中可见，严修对周恭寿的丰仪美才十分欣赏。

为了使经世学堂的首届学生有补于世，成为有用之才，严修特开设了经史、时务、算学、格致（物理）、地理等课程，聘请学养俱佳的学者担任教职。当时，雷廷珍为山长（校长），主讲"中学"；严修主讲"西学"，劝勉学生"览西书，考西史，阅报章"，广泛接触新知识、新思想。

在此期间，经世学堂的学生不负所望，勤奋苦读，大多成了清末民初贵州社会栋梁之材，活跃在政界、文化教育界。如钟昌祚、陈廷棻、刘显治、唐尔镛、乐嘉藻、周恭寿、黄干夫、毛邦伟、姚华等人，都是贵州近代史上赫赫有名的人物。

光绪二十五年（1899），周恭寿选为优贡。由于对农业十分关注，他撰写了《兴农学以尽地力策》一文。在文中，他认为百年之前，在农业上，欧美较之中国还十分落后，然而到了欧美"兴农学尽地力之后，农部农学握其纲，农报农会扩其目，上下一心，自强不息，新理新法，日进无疆"，因而感到中国要赶上欧美，就必须应用科学方法，研究和改良土的质量，加强水利功能，重视农业机械的运用，学习西方先进的动植物学，引进先进的水利、农器设备。为此，他建议国家"设农部，立农学，创农会，广农报"，"因地制宜，实事求是，精益求精"。果能如此，何愁国家不强！从这篇文章中可看出，周恭寿是一个关心国家进步、以天下为己任的先进士人。

光绪二十七年（1901），周恭寿乡试中举，旋即任教于黔西书院。光绪三十年（1904），他任教于贵州大学堂。时值《辛丑条约》签订之后，内忧外患日益加深，清政府为改变危局，逐步放松了对政治的控制，采取了拉拢资产阶级上层人士的政治措施，准备以假立宪来欺骗人民。

次年，贵州巡抚林绍年为开办新学，亟须解决师资奇缺的问题，奏准后在贵州大学堂考选八名留学生，派周恭寿带队赴日留学。周恭寿非常关心弟弟昌寿的教育成长，于是携其同行。到日本后，周恭寿入东京弘文书院，攻读师范专业；周昌寿入东京第一高等学校，学习工科。

在日本留学的两年中，周恭寿除刻苦学习之外，还悉心考察该国的大学、中学、小学的三级教育，深悟到日本国力之强盛、经济之繁荣、民智之提高，与明治维新以来其政府重视国民教育不无关系。痛感中国之所以国势积弱、受人欺凌的原因所在，并清楚其症结在于封建统治者愚民、病民、弱民的政策，以及陈旧的教育早已不合时宜，周恭寿便立下了"教育救国"的理想，准备学成归国后投身于教育，以"黔之振兴，教育为大"为自己一生之职志。

光绪三十三年（1907），周恭寿学成返黔。在贵州巡抚庞鸿书的支持下，他创办了贵阳官立高等小学堂一所、初等小学堂九所。学堂学生近千人，教师五十余人，周恭寿任总堂长，对小学的学制、课程、教材、课时均做了严格的规定。这些举措，对小学新学制在贵州的推行起了模范作用。周恭寿治学严谨，办学成绩突出，深受社会各界赞誉，提学使陈荣昌对其予以嘉许。

清宣统元年（1909），周恭寿当选贵州咨议局副议长，以议员身份赴北京、上海等地参加召开国会的请愿活动。在此期间，他参观了该地的新式学堂，从而扩大了视野。返黔后，他又积极筹办贵州官立中学堂，并兼任监督，主持出版《贵州教育官报》。该报的诞生，对清末民初贵州小学及中学的基础教育做出了巨大贡献。

宣统三年（1911），周恭寿兼任贵阳模范小学和模范中学校长，后任贵州教育会会长。在此期间，他开风气之先，在贵阳南郊新军操场主办了两场小学堂运动会，参加学生达千人，观者近万人。如此盛况，在贵州历史上是前所未有的。辛亥革命成功后，为纪念贵州辛亥革命一周年，在周恭寿的倡导下，贵阳人民于民国元年（1912）十一月一日举办了"纪念贵州光复学界运动会"。这次运动会，对今后全省的体育运动和增强人民体质均产生了深远影响。

民国元年（1912）初，贵州发生了"二二政变"及"滇军入黔"的大事件，导致大汉贵州军政府的覆亡。次年四月，周恭寿被任命为遵义县知事。时值贵州省设立国税厅筹备处，旨在整顿田赋，增加财政收入。在遵任职期间，周恭寿聘用能人，专职管理田赋，一切按章计征，并加强征管监督，尽量取便于民，致使旧时流弊大多革除。与此同时，他还关注当地的教育。他一面责令劝学所调查全县的教育情况，改变各区学校分布不均的状况；一面在原府城城隍庙创办女子师范学校，同时开设师范讲习所，培训师资。

在遵任职的三年中，周恭寿积极抓学校建设，增设普通国民小学十二所、女子国民小学三所，并针对教师职责不清及文化程度差异等问题，实行定员定岗制度，使该县教育面貌一新。

周恭寿在遵义的政绩不仅于此，民国三年（1914），一些遵义籍进士倡议修纂《续遵义府志》，出于对地方历史文献的保护，周恭寿便核准志局，总揽纂辑事宜，并延聘清末探花杨兆麟和著名学者赵恺任总纂。历时二十二个春秋，《续遵义府志》终于问世。这部志书是继郑珍、莫友芝纂修《遵义府志》之后的又一地方志杰作，可以说周恭寿对该志书前期的工作贡献巨大，如在设立志局、延聘人才、经费筹措等方面，均予以有力的支持。

民国十五年（1926），周西成入主黔政。次年，周恭寿出任贵州省首任教育厅厅长。走马上任之际，他立即在各县设立教育局，推行新学制，进行教育改革。之后，他亲临都匀视察，对都匀十县联合中学学政不良、弊端甚多的问题十分重视，责令整改后，更其校名为"都匀五中"。周恭寿对全省教育改革的另一举措是：将全省八所县立、联合中学收归省办，从而保证了学校的教学质量。

民国十七年（1928），省长周西成委任周恭寿在贵阳南明河畔创办贵州大学，并兼任校长。为了办好贵州的第一所大学，培养国家的新型人才，周恭寿聘请国内知名学者及黔籍海内外名牌大学毕业生任教。贵州大学初创期间，鉴于经费不足、学生较少等原因，仅特设文、理预科各一个班，学制两年；设土木工程、矿业、经济、军事专科各一个班，学制三年。贵州大学的创立，打破了贵州无高等院校的历史，为贵州本土培养第一代大学生奠定了坚实的基础。无可置疑，这是周恭寿对贵州教育的巨大贡献。

周恭寿身居省城，心系桑梓，对故乡中小学落后的教育状况时刻萦系于心。民国二十八年（1939），在他的运筹和督促下，麻江县立中学得以顺利开办。之后，麻中又增设高中部。为加强该校的师资力量，他把毕业于大夏大学的女儿同原动员到该校担任英文教师。

民国三十二年（1943），周恭寿捐出祖上的田地为景阳小学做迁校之址。为提高全县中小学的教学水平，他支持麻江县县长拓泽忠举办百人以上的师资训练班，并亲临班上做教育演讲，勉励大家德学并重，树立以教育为职志的崇高理想。另外，他关心家乡《麻江县志》的修纂，并亲自担任该志书的总纂。这部志书于民国二十五年（1936）出版，给后人了解昔日麻江的历史文化、地理经济留下了翔实的史料。周恭寿对故乡的深厚感情，至今麻江人民仍感怀不已。

周恭寿常用"卖文司马总忧贫"来比喻自己清贫的生活。由于他清廉自守，无钱购置田产、洋楼，薪金全用在儿女教育成长和供胞弟昌寿留学费用上。他告诫儿女生活要勤俭，学习要勤奋，要学有专长，曾告诫道："留什么东西给你们都不会长久，只有读书才是一辈子受用不完的。"

周恭寿一生清高，不趋炎附势，不曲意奉承，十分注重自己的操守。他常说"世界上没有拿人家的钱不为人家办事的道理"，认为自己"铁骨嶙嶙"的个性在军界和商场中"总未宜"，因此凡有悖于自己人格操守及危及国计民生的事不为，即令丢官去职亦在所不惜。

民国五年（1916），贵州都督刘显世以筹措军费讨伐袁世凯为名，命令周恭寿广开烟禁，征收鸦片烟税。周恭寿对此极为反感，认为自鸦片战争以来，鸦片流毒天下，给中国人民带来了巨大的灾难，经过志士仁人多年的努力，禁烟已初见成效，如今烟禁一开，前功尽弃，黔省人民又将陷入苦难的境地中。对于这种只顾眼前利益而荼毒百姓的政策，他实在是深恶痛绝，忍无可忍。他不愿为虎作伥，更不愿做民族的罪人。为了表明自己的态度和立场，他毅然辞职，以示抗议。

另一件事亦可凸现周恭寿的个性：民国十二年（1923）八月，曹锟贿选总统，时任国会议员的他拒受贿金，愤然冲出国会，立即乘坐火车离开北京。火车行至武汉时，他致电国会，表示弃权。

历史证明，从北伐至抗日战争之前，周恭寿先后拒绝民国要人何应钦、李燊及四川军阀刘湘的聘任。在他的客厅中，悬挂着一副"不因毁誉为乡愿，有责兴亡在匹夫"的对联，这正是其人格和操守的写照。

民国三十三年（1944）十一月二十七日，日军分三路入侵黔南，麻江县危在旦夕。为避战祸，周恭寿举家迁居重庆。抗战胜利后，他被选任国大代表，一度客居南京，继而定居上海。

1950年9月，周恭寿第二次中风，因医治无效，这位毕生献身于贵州教育的教育家与世长辞，时年七十四岁。

遵义政治人物牟琳

遵义，是一个山川秀丽、人才辈出的地方。清末民初，风云变幻，社会动荡，那些政治强人、军人武夫乘势而起，倏忽一现，成为短命的风云人物；能在波谲云诡的权力争斗中幸存下来的强人、武夫毕竟是少数，长居庙堂的政治元老更是凤毛麟角。令人惊异的是，贵州遵义举人牟琳（字贡三），凭借自己的聪明才智和对政治的敏感，活跃于政治舞台数十年，直至生命的最后一刻，可谓政坛的常青树。

清光绪三十一年（1905），贵州巡抚林绍年响应清廷预备立宪和改革学制的政令，鉴于贵州新式学堂中师资均系旧式教育者、新学有其名而无其实的现实情况，提出："整顿学堂必自广求教习始,然与其求之于人,不若求之于己;与其画地而谋其旧,不如游学以图厥新。"并下决心派学员出国留学。随后,林绍年饬令各府、州、县尽力筹款,选拔人才一二人,或学速成师范,或学专门学科。牟琳躬逢其遇,名列其中。

牟琳系光绪二十九年(1903)举人,幸运地被遵义府选中,成为贵州第一批留学日本的官费生。到日本后,牟琳研读速成师范。在之后的岁月里,由于目睹了明治维新之后日本的飞跃发展,牟琳的思想受到极大的震撼,使其意识到祖国的落后和自己未来应尽的责任。通过两年的刻苦学习,牟琳于光绪三十三年(1907)学成归国。时值遵义知府袁玉锡创办遵义府中学堂,见牟琳回遵,于是聘其为该学堂堂长。

清宣统元年(1909),牟琳涉身政治,加入留日学生为主的贵州宪政会,从此与政治结下不解之缘。同年九月,他当选为贵州咨议局副议长,后与唐尔镛、任可澄组成宪政党(又称新党、宪政预备会或宪政派),鼓吹君主立宪。

次年,清廷设资政院,牟琳被选为议员。在任议员期间,牟琳干了一件颇为人称道的事:在资政院中,他当众抨击邮传大臣盛宣怀的卖国行为,指斥其勾结帝国主义,出卖国家铁路权益。牟琳义正词严、慷慨激昂的发言,赢得了议员们的热烈鼓掌。清王朝灭亡后,牟琳当选为众议院议员。

辛亥年(1911)十一月七日,大汉贵州军政府成立。应四川军政府与黎元洪之请,贵州军政府先后派兵援川、援鄂。援川军进军迅猛,剪除了在重庆阴谋叛乱的为首分子,肃清了周围的匪患,安定了形势。援鄂的军事行动却因南北和议告成而停止。

同年十二月,贵州宪政派任可澄、刘显世等人假借枢密院的名义,给云南都督蔡锷发电,以贵州"公口(帮会)横行"、局势大乱为由,要求滇军北伐之际假道入黔,"代定黔乱"。滇军应邀进入贵州后,颠覆了大汉贵州军政府,唐继尧自任贵州都督,拒绝贵州都督杨荩诚率领的援鄂北伐军回黔,致使其部队滞留于湘西北常德一带。为了化解冲突,经湘、鄂都督及副总统黎元洪的调解,双方在湖南洪江举行会议,寻求解决办法。

牟琳系宪政派著名人士,是时受命为唐继尧代表,亲赴洪江参加会议。会谈时,牟琳力主黔军回黔、滇军回滇,遂使谈判达成协议。唐继尧得知消息后,十分恼怒,去电反对。从这件事可看出,牟琳不囿于党派偏见,亦不怕得罪军事强人,公正地站在正义的立场上,理性处理这件棘手的政治事件。

民国元年(1912)年初,伍廷芳、王宠惠等人在上海创建国民共进会,旨在建立健全共和政体。牟琳是该会的发起人和组织者之一。二月二十九日,国民共进会与其他组织合并,改名统一共和党。八月,统一共和党又与同盟会等联合组成中国国民党。在中国国民党中,牟琳是孙中山先生的坚定支持者,为孙中山派的关键人物之一,亦系国会中著名议员之一。

自袁世凯篡夺了辛亥革命的胜利果实后,其野心亦日益暴露:民国二年(1913)三月二十日,袁世凯派刺客将宋教仁刺杀于上海车站;七月至九月,他的北洋军扑灭了国民党发动的"二次革命";十月六日,他派武装军警和所谓的"公民团"包围国会,迫使议员选举他为正式总统;十一月四日,他解散了国民党,追缴国民党议员的证章、证书。从此,国会参众两院再也凑不足法定人数,国会事实上停止了活动。随后,袁世凯不顾中国人民的反对,承认日本帝国主义企图灭亡中国的"二十一条",接着又冒天下之大不韪,于民国四年(1915)十二月复辟称帝。十余天后,蔡锷、唐继尧、戴戡等人在云南誓师讨袁,护国战争的序幕从此揭开。

国会解散后,牟琳返回了贵州。待护国战争的枪声打响后,他积极投身于这场反复辟的运动中,担任护国军滇黔联军右翼军黔军参议,为司令戴戡出谋划策。之后,他又随师赴川。右翼军在戴戡的率领下,出松坎攻綦江,奋勇杀敌,与北洋军阀曹锟的部队殊死搏斗。在这场共和与复辟的较量中,滇黔联军右翼军力克九盘子要隘,继而占领江安、南溪,迫使敌军退守重庆。入川的护国军与王文华领导的入湘参战的护国军右翼军东路支队,有力地牵制了北洋军的大量部队,致使袁世凯无力镇压全国方兴未艾的反复辟势力。蔡锷曾对黔军在护国战争中的作用有如下评价:"黔军此次分出川、湘,苦战辛劳,每能出奇制胜,以少胜多,略地千里,迭复名城,致令强虏胆丧,逆贼心寒,功在国家,永垂不朽。"牟琳在这件反复辟的大事上,始终站在人民一边,并投笔从戎,运筹帷幄,可谓勇气可嘉,功不可没。

民国六年(1917)六月,张勋复辟丑剧失败后,段祺瑞拒绝恢复《临时约法》、国会,承认旧总统,企图实现专制独裁。为此,孙中山南下广州,揭起护法旗帜,号召云、贵、川、湘、桂、粤六省都督及各界人士出兵护法。牟琳响应中山先生的号召，与议员三百余人南下广州，拥护孙中山护法政府。其好友孙洪伊被任为西南军政府内务部长，牟琳受聘为护法军大元帅府参议。徐世昌任北京政府总统期间，倡导南北议和。

民国十年（1921），非常国会在广州复会，牟琳在参众两院会议上发言，赞成广州军政府与北京政府议和。次年六月，第一次直奉战争爆发，曹锟战胜了皖系军阀段祺瑞，继而逼徐世昌下台，入主北京政府。牟琳见北方政局发生变化，于是又主张联曹以促进南北统一。得到曹锟的响应后，他与二百一十六名议员联合通电，促进南北议和。

为使南北议和早日召开，牟琳赴上海参加国民党会议，讨论联曹问题。这时，曹锟的野心日益膨胀，觊觎总统宝座，于是派人四处活动，企图通过贿赂来达到目的。在随后曹锟贿选总统的过程中，牟琳摆脱不了权力的诱惑，充当了不光彩的角色，成为曹锟总统选举会的十二名代表之一，为其贿选鼓吹助阵，拉拢国会议员，以五千银圆一票的价格收买议员。之后，曹锟心想事成，被选为"大总统"。其贿选丑闻经章太炎先生通电揭露，天下哗然，国人一致声讨。章太炎在电文中并点了牟琳的大名，指责其为贿选推波助澜。牟琳从此被人诟病，成了众矢之的。不久，冯玉祥发动兵变，幽禁了曹锟。段祺瑞又被冯玉祥推为北京临时政府执政，随即宣告《临时约法》失效，致使国会活动基本停止。牟琳对此更加感到失意，于是离京返黔。

民国十五年（1926），贵州桐梓系军人周西成入主黔政，延揽黔北名人为其管理政务。于是，牟琳重返政坛，出任省政府委员兼建设厅厅长。在任期间，他帮助周西成创修黔川、黔滇、黔桂干线公路，加强与周边省份政治、经济方面的联系。两年后，周西成战死关岭鸡公背，牟琳随之下野，寓居武汉。毛光翔主持黔省政务时，牟琳返回遵义。

民国二十四年（1935），中国工农红军北上抗日，途经贵州。蒋介石为追剿红军，派兵入黔，以吴忠信取代国民革命军第二十五军军长、贵州省主席王家烈，从而结束了贵州军阀的统治，国民党势力从此统治贵州。牟琳系国民党有影响的老党员，被任命为省政府委员，后因政见不合而辞职告归。

民国三十三年（1944），牟琳出任遵义县临时参议会参议长。内战期间，由于对国民党反动派的失望，牟琳辞去议长一职，赋闲在家，事母尽孝，并钻研医术，对医学颇有见地，著有《肝病探源》，惜未刊行。

牟琳是一位德高望重的士人，一生关心家乡教育事业。他任玉锡中学董事长多年，悉心为该校筹集经费，解决学校的各种困难。与此同时，他关心地方的进步事业，见到进步青年被捕或革命行动受阻时，常仗义执言，出面疏通，使部分人化险为夷。对那些贫困亲友，常多方资助，为其排忧解难。他医术精湛，医德高尚，常为乡人治病疗伤，从不索取报酬，因此被人称道。

新中国成立之初，牟琳任遵义市各界人民代表会议协商委员会副主席。1950年11月，这位政坛名宿的心脏停止了跳动，时年七十四岁。

乐嘉藻的家国情怀

在贵州近现代史上，乐嘉藻是一位著名人物：他参加过"公车上书"，办过教育，创办过《黔报》，任过贵州咨议局议长和教育总会会长。清朝覆亡后，他出任贵州大汉军政府枢密院枢密员。由于不满"滇军入黔"屠杀自治党人，遂退出政坛，定居北京，一度出任天津工商品陈列所所长，兼办中国参加巴拿马国际博览会工作，征集国货运赴巴拿马赛会，借便游历欧美、日本。他晚年退而著述，有《中国建筑史》问世。

纵观乐嘉藻一生，可圈可点之事不少，而最令人赞颂和叹服的，莫过于戊戌变法前参加"公车上书"与兴学育才时辞退日本教习、维护国权的两件事。

据《乐氏来黔谱略》所载：乐氏祖籍江西省抚州府金溪县，清初其先来黔，落籍黄平府，世代以躬耕为业。咸丰年间，乐嘉藻之父乐海平弃农经商，先做小生意，后稍有积蓄，转而经营药材业、木材业。由于经营有道，业务范围慢慢延伸至贵阳、湖南、广西等地，并在湖南洪江设立"锦盛隆"商号。

由于生意的关系，乐海平先后举家迁往湖南、广西、贵州黄平等地。咸同贵州各族人民大起义爆发后，乐海平见黄平不是安全之地，为身家性命计，于是迁往省城贵阳定居。乐海平是一个宅心仁厚的商人，早年生活艰辛，熟知百姓疾苦，因此非常关心和同情穷苦民众，对他们冬送棉衣、夏施药。民众对其善举十分称道，称其为"乐善人"。乐海平有四子，长子乐嘉藻、次子乐嘉荃均才华横溢，而且继承了乃父乐善好施的秉性，在贵阳口碑甚好。

乐嘉藻（1867—1944），字彩澄，幼年、少年、青年均生活在黄平。在当地士人眼中，乐嘉藻"喜怒不形，貌似柔削"，却透露出"刚毅之气"。由于受阳河、重安江水土的滋养，以及金凤山、云雾山、中华山灵气的熏染，生而颖异，聪敏过人，他早年就以学识才华闻名于黄平士林。入籍贵阳后，乐嘉藻对新学产生了浓厚兴趣，向往西方现代文明。

清光绪十九年（1893），乐嘉藻乡试中举。其个性耿介，豪爽仗义，贵阳名士敬其才德，多从之游。如书画名家何威凤、反清志士平刚、算学奇才彭述文、毕节俊彦周素园均与乐嘉藻交谊甚深。在此期间，乐嘉藻大量购置新书、报刊，如饥似渴地阅读

"泰西诸学"，特别是康有为、梁启超、严复等人的维新思想给他留下了深刻的印象，使他明白了中国积弱的症结，以及不变法无以图存的道理。通过潜心的研读，乐嘉藻的思想境界及爱国情操得以升华。

光绪二十年（1894），甲午中日战争爆发，中国海陆军双双败北，被迫签订丧权辱国的《马关条约》。面对帝国主义的鲸吞蚕食、瓜分豆剖，目睹清政府的腐败无能、磕头外交，康有为、梁启超趁着入京应试之机，联合十八省的一千三百余名举人，向清廷提出了"拒和、迁都、练兵、变法"等要求。在清廷的阻挠下，不少人退出了请愿活动，以致"公车上书"的名录仅六百零三人。在"公车上书"的六百零三人中，贵州占了九十六人。乐嘉藻躬逢其际，名列其中。可以说，参加"公车上书"是乐嘉藻人生的闪光点，值得后人钦仰。

戊戌变法失败后，乐嘉藻返回贵阳。尽管维新派受到镇压，不是流亡国外，就是杀头充军，然而在其心中，未来中国要在列强的鹰瞵虎视、瓜分豆剖下得以生存，必须按照梁启超在《变法通议》中所说的"变法之本，在育人才；人才之兴，在开学校；学校之立，在变科举"；必须改革中国的旧式教育，使之尽快地跟上时代潮流，才能改变积弱的状况，国家才有希望。为此，他以提倡新学为己任，并身体力行，于光绪二十八年（1902）与于德楷、李福田、李子良等人筹组创办"贵阳公立师范学堂"，校址设在雪涯洞丁宝桢的祠堂内。贵阳公立师范学堂创建后，于为总监，乐为协理，特聘贵州武备学堂日本教习金子新太郎、清宫宗亲、木藤武彦、冈山源兼任教员。

乐嘉藻出身富商家庭，平生乐善好施，喜做扶危济困之事。为了兴学育才，他捐银五千两做办学经费，对那些无力缴费的学生，予以资助，供其膏火，助其家用，使其无内顾之忧，专心学习。

光绪三十年（1904），日本和俄国为争夺朝鲜和中国的东三省而进行了一场大厮杀。日本海军在对马海峡大败俄国舰队，其陆军又迅速攻占旅顺口，东北的南部成了日军的囊中物。当日军攻占辽阳的消息传到贵阳时，日籍教习金子新太郎等人欢呼狂歌，函招时住学堂的学生雷述、张友棻、刘坤、周英、陈鸿焘、乔运亨等人前来会饮同庆。

这场在中国土地上进行的日俄战争，旨在处理中国的满洲各省，是完全不考虑中国权利的无耻强盗行径。对于中国士人来说，无疑是最为屈辱和悲痛的事。日本教习的无耻行径激起了这几位学生的极大愤慨，他们拟函拒之，云："贵国战取辽阳，固属可贺，然反观祖国，又实可悲。为贵国贺，为祖国悲，正生等饮泣之日，非饮酒之日也！"

金子新太郎等人读函后恼羞成怒，立即招见雷述、张友棻、刘坤三人。当学生进门之时，金子新太郎拾起桌上茶碗猛然掷向他们，接着对其施以拳脚。随后，学生们将事情的来由告诉了乐嘉藻。乐嘉藻听后，不禁心潮起伏，怒火上炎，对骄横跋扈到了极点的日本教官十分厌恶。为了维护国家尊严，打击日本教官的嚣张气焰，次日一早，乐嘉藻在黑板上写道："日本教师殴打中国学生，是本校的不幸事件，现正式提出交涉，暂行停课。"经过交涉无效后，在巡抚林绍年的支持下，他与于德楷辞退了日本教习。之后，乐嘉藻将这件事的起因、经过、结果诉之成文，以《贵阳师范学堂日本教习殴辱学生事件》一文寄给远在日本的梁启超。

戊戌政变后，梁启超流亡日本，然而密切注视着国内的政治动向。梁启超接到乐嘉藻文稿后，十分赞赏他维护国家尊严的义举，于当年十二月十五日将其文刊登在《新民丛报》上，并撰以短评予以支持。梁启超在文中对日本教习的骄横跋扈嗤之以鼻，然后唤醒国人认清自身的处境：不独日人对我如此，西方列强亦视我如此，这是中国人的悲剧！希望国人从这件事中得到教训，要想改变现状，唯有自立自强，切忌依赖外人。梁启超进而言之："缘此事而所予我国民以教益者数端：一曰知外国之万万不可依赖，媚外即为外侮之由；二曰外国人久不以独立国视中国，久不以独立人视中国人，我辈而非凉血，其思所以一雪此言否也；三曰我辈因此当悟教育事业，万万不能仰助于外人。今日我辈国中以无可以自任之人才，而致乞于他族，受此奇辱，可勿自惭，可勿自悚。岂惟教育，一切事业皆然，宜如何急起直追，以洗此仇也。呜呼！吾读此文，吾愤血横溢，不能自制。吾所欲言万端，吾言止于是。吾益悲，吾益悲！"

梁启超之文发表后，乐嘉藻名播海内外，其刚毅之气，其铮铮铁骨，赢得了华夏士人的钦仰和赞颂。

在之后的岁月里，乐嘉藻曾主办贵州初级师范简易科学堂，一度当选为贵州省教育总会会长、贵州省首届咨议局议长、贵州优初两级师范学堂堂长。1911年10月，武昌起义爆发，乐嘉藻参与调解自治学社、宪政预备会两党关系，与其主要领导人张百麟、任可澄等冒死入巡抚署开陈意见，要求和平独立，最终迫使贵州巡抚沈瑜庆黯然交权。

贵州独立后，大汉贵州军政府成立，乐嘉藻任枢密院枢密员，管枢密院总务股事。贵州"二二事变"爆发后，滇军大举入黔，颠覆了大汉贵州军政府，趁势夺取了贵州政权。对此，乐嘉藻极为愤慨，愤然离黔，从此再也没有返回故乡。然而在他心中，贵州的分量很重，故其日记中有"我所思兮在贵州"之语。

乐嘉藻是贵州清末民初著名的社会活动家、实业家、教育家，一生阅历丰富，命运坎坷，足迹遍及大江南北、两京沪杭，远及日本、美国，曾与严修、梁启超、汤化龙、孙洪伊、黄侃等华夏名人有过亲密接触与交往，并与贵州名人陈田、周素园、平刚、漆运钧、凌秋鹗、彭述文等交谊深厚。乐嘉藻一生历经政治动乱，饱受家庭变故，身心受到摧残，晚年忙于生计，穷困窘迫，然寄情诗文，乐此不疲。

乐嘉藻才华横溢，工诗擅文，长于绘事，是黔中著名才人；其一生勤于著述，有《中国建筑史》问世，并有《贵州党争事略》以及日记、诗、古文藏于家。

民国三十三年（1944），乐嘉藻病逝于北京大将坊胡同寓所，时年七十七岁，葬于北京香山万安公墓。

任可澄的人生三部曲

任可澄是贵州现代史上最具影响力的政治人物之一，亦是一位教育家、大学者。他丰富多彩的人生，与清末民初贵州重大事件有着密切的关系，并在其中起到关键作用，从中亦可折射出一个封建士大夫在历史大变局中由进取、迷惘到笃定的心路历程。

任可澄，字志清，晚号匏叟，清光绪四年（1878）诞生于贵州安顺府普定县一书香仕宦人家。祖父任焕奎，光绪三年（1877）进士，官至江苏吴县（今苏州市）县令。父任毓桢，中过举人。任可澄幼承祖父教诲，好学聪敏，年岁稍长，进入县学攻读经史。之后，其家落籍贵阳。

光绪二十年（1894）年底，任可澄以成绩优良补得廪生。在此期间，他注视维新派人士的政见和动向，并涉猎西方的政治、经济、历史、文化等方面的书籍；他十分赞同康有为、梁启超的君主立宪思想，认为渐进式的议会民主是拯救中国唯一有效的办法。

光绪二十九年（1903），任可澄乡试中举，次年参加礼部考试，授内阁中书。然而此职仅是衙门中书写公文的小吏，与其情趣、抱负大相径庭，因此郁郁寡欢，不能自已。恰逢此时丁忧，他便返回故里。

光绪三十年（1904），清廷推行新政，应贵州巡抚林绍年之聘，任可澄出任贵州学务处参议，与退休官员赵以炯、内阁中书唐尔镛（严修弟子）管理学务。

在此期间，任可澄十分赞同李端棻在戊戌变法前上清廷的《请推广学校折》及梁启超的"变法之本，在育人才；人才之兴，在开学校；学校之立，在变科举"的救亡理念。鉴于贵州文教落后的状况，他倾注心力，与志士仁人一起投身于教育事业。

光绪三十一年（1905）十月，任可澄与唐尔镛、徐天叙在省城贵阳开办师范传习所，招收各县生员入学，旨在培训中师教习。该所开办后，培养了两期毕业生，为早期贵阳近代小学教育提供了师资。

传习所结束后，得到贵州巡抚林绍年的批准，任可澄又与李端棻、于德楷、唐尔镛、何麟书等人将位于原北书院（地处雪涯洞）的贵阳府中学堂改建，向各地招收学生。

光绪三十二年（1906），贵阳府中学堂正式开学，任可澄等人感到校园地方狭小，无多大发展，又在南明河对岸新建校舍。

新校竣工后，屋宇宏敞，教学设施齐备，经贵州巡抚岑春煊批准，易名为贵州通省公立中学堂。为了更好地利用原有的教学设施，任可澄等人又在雪涯洞旧址开办贵州优级师范选科学堂，继续培养中师人才。

清宣统二年（1910），各省咨议局与总督、巡抚纷纷请愿立即召开国会，任可澄与华之鸿、陈廷棻创办宪群法政学堂，内分政治、法律系，以培养政法人才，为推行新政做准备。

民国初年，贵州通省公立中学堂易名为南明中学。昔日人们所说的"南明四校"包括通省公立中学堂、优级师范选科学堂、宪群法政学堂和南明中学。南明中学就是今天贵阳一中的前身。

"南明四校"自创办以来，数十年间培养了大批的人才，从该校毕业的学生，以他们的聪明才智，活跃在华夏尤其是贵州的政治、军事、经济、文化舞台上。在护国战争、护法之役、抗日烽火和新中国的经济建设中，无不活跃着南明学子的身影。

宣统元年（1909），继唐尔镛之后，任可澄任贵州宪政预备会领导人兼贵州教育会会长。时值清廷准备立宪，推行新政，为了使"君主立宪"的主张深得人心，任可澄等人召集黔中士人，分班学习宪政，分派各县传习，作为"君主立宪"的准备。

武昌起义爆发后，宪政预备会与自治学社一度携手合作，组成大汉贵州军政府。军政府由都督、行政总理、枢密院三部分组成。正院长一职由自治学社领导人张百麟就任；任可澄任枢密院副院长，负责赞画军事、指导民政方面的事宜。从军政府成立之日起，由于政治观念相左，宪政派与自治派的矛盾日趋激烈，最终兵戎相见，酿成悲剧。

民国元年（1912）年初，贵阳发生"二二事变"，宪政派任可澄、刘显世等人改组军政府，以贵州"哥老会林立，省垣秩序日趋混乱"为由，吁请云南都督蔡锷派兵假道入黔，"代定黔乱"。蔡锷应其请求，派唐继尧率滇军入黔，镇压了自治派，颠覆了大汉贵州军政府，另组以唐继尧为临时都督的新政权。在这次"滇军入黔"的事件中，任可澄与刘显世是主谋，负有不可推卸的责任。这是两人后来被人诟病的主要原因之一。

民国二年（1913）四月始，任可澄相继出任黔东观察使、贵州镇远道道尹、云南巡按使。民国四年（1915）年底，袁世凯企图恢复帝制，不久蔡锷被软禁的消息传到云南。作为一位坚定的宪政派人士，任可澄对袁世凯的复辟称帝深恶痛绝。在这场有关国家命运的斗争中，他不顾身家性命，勇于站出来与帝制抗争，曾三次与唐继尧召集中下级军官密谋倒袁。

十二月十三日，当袁世凯宣誓承受帝位，接受百官朝贺时，次日就收到云南巡按使任可澄"立下明令取消帝制之议"的电文。对正在登极的袁世凯来说，这无异于当头棒喝，受惊不小。

在其后的几天中，任可澄积极参与了蔡锷、李烈钧等人主持的两次护国讨袁大会和主要领导者的歃血盟誓。二十三日，任可澄与唐继尧联名发出"漾电"，要求袁世凯"废除帝制"，严惩帝制祸首，并草拟了大量的讨袁檄文和文告。其文辞慷慨激昂，具有强烈的感染力，不仅对揭露袁世凯复辟帝制的丑恶行径及护国运动有重大意义，而且极大地鼓舞了护国军将士的斗志和必胜的信心。在《讨袁檄文》中，任可澄不畏强暴、舍生取义的豪情喷薄而出，其中"成则为少康（夏启之子）一旅之兴夏，败则为田横五百壮士之殉节"之句，令人读后热血沸腾、心潮如涌。

任可澄在护国运动中的作为和贡献，无疑在其政治生涯中占据重要的地位，亦是其人生的华彩乐章。袁世凯的复辟美梦破灭后，任可澄先后出任云南省省长、贵州省临时省长等职。

自明永乐十一年（1413）贵州建省以来，修志之风日盛，二百余年间，共修方志七十余部。清朝建立后，贵州的方志多达一百九十五部。然而从乾隆六年（1741）至清朝灭亡的一百七十年间，无人修过《贵州通志》，这段历史成了空白。任可澄对乡邦文化感情深厚，有感于这些年来自己忙于政治，无暇顾及修志之事，加之自己当时对政治有了清醒的认识，于是有了退而著述的念头。

全身而退并非易事，任可澄纂修志书的愿望亦因摆脱不了各种政治势力的笼络而中途几次打断。民国八年（1919），任可澄邀约贵州才人杨恩元、王蔬农、李祖峰、聂延祜等人，共同倡议续修《贵州通志》。得到省府同意后，他出任总纂，其余人任分纂。次年，贵州发生"民九事变"，黔军总司令王文华因支持广东护法政府而迫使贵州督军兼省长刘显世下野。这场外甥夺舅父权力的事件对任可澄震撼极大，使他对政治的冷酷无情有了清醒认识。

"民九事变"后，刘显世避祸昆明，王文华因避嫌疑而托词在上海养病不归。在省府无人负责政务的状况下，社会各界一致推举任可澄为临时省长。这时任可澄对权位已无栈恋之心，在三次咨请省议会电邀王文华入黔执政失败后，他挂冠而去，闭门著述。

民国十四年至十八年（1925—1929），任可澄重返政坛，参加过临时执政段祺瑞召集的善后会议，当了一年零一个月的杜锡珪内阁及顾维钧内阁的教育总长。此时他对政治已厌倦，加之生活亦不惬意，便有辞职返里、重温修志旧梦之意。据其长子任泰所撰的《任公志清事略》所云：任可澄"傲居北（京）城冷巷，日惟摩挲故纸自娱，仅赖及门人资济，常时不给，至于鬻及几案"。

离别北京官场，返回故乡贵阳，任可澄感到身心愉悦，精力充沛，于是投入修志工作中。民国十九年至二十年（1930—1931）间，为征集文献，他亲赴贵州息烽、关岭等地。之后又因贵州政局混乱，无奈携稿赴苏州僻地继续写作。

国民党统治贵州后，蒋介石曾因省主席吴忠信办事不力，不得人心，一度想起用任可澄来稳定黔省局势。后因应付李宗仁、白崇禧、李济深等反蒋势力，蒋临时任命他为重庆行营主任兼云贵监察区监察使。任期届满后，任可澄居住昆明西山侧，才得以潜心著述，完成《贵州通志·前事志》。民国三十一年（1942），他将多年心血所写的文稿带回贵阳付印。

《贵州通志·前事志》，字数约占全书七百余万字的三分之一，上起殷商，下迄清末，上下两千余年，条分缕析，一目了然，显出撰写者深厚的功力；对于事同而文异的资料，任可澄多采取骈列模式，让读者见仁见智，择优选用；有关建置沿革、山川河流、土官土民等历史上悬而未决的重大问题，他一一详加考订，写成专章，或加上按语，大胜以前诸志。其中《鬼方考》《牂牁江考证》《土民总说》《贵州考》诸篇，均系任可澄精心论著，历来被史家所推重，被誉为"补史之缺，参史之错"的佳作。《贵州通志》被治史者认为是民国年间史学价值极高的通志巨著。

在总纂《贵州通志》的同时，为了保护黔人旧作不再散失，给子孙后代留下宝贵的文化遗产，任可澄又从事另一项极有历史意义的工作——编印《黔南丛书》。为此，他四处收罗，多方征集，日积月累，收获颇多，先后编印出版《黔南丛书》七十册，内容包括经学、舆地纪行、风土考证、诗词、史实杂记、文类、小学音韵等方面。

除纂修《贵州通志》和编写《黔南丛书》外，任可澄还撰有《西望山毗卢寺访碑记》《永历王墓记》《且同亭笔记》《读史胜录》《藏山堂诗文词稿》《读夏曾佑中国历史宋元明清编》等文史考证著述。任可澄学养高深，书法造诣亦有建树，其行、楷广为士人称道，惜今已不多见。

民国三十五年（1946），任可澄病逝家中，终年六十八岁。

任可澄是民国年间保守与先进并存、瑕瑜互见的政治人物，其在"滇军入黔"及"护国之役"历史事件中的作为，就是最好的明证。任可澄作为一位教育家和大学者，对家邦的文化、教育、出版事业的建设和贡献，以及对国家的高度责任感，是值得后人学习和景仰的。

附录　六千举人　七百进士

陈福桐

贵州在明清两代，经过考试录取的举人有六千多人，进士有七百多人。用《六千举人　七百进士》作题目，是因为一向被省外人看作蛮荒之区的贵州，却有这么多的科举人才产生，该是一件奇异的事！明清两代选拔人才的方法是：由县、州、府考秀才，省里考举人，到京城去参加会试；取贡士资格后，就可以参加皇帝主持的殿试，殿试头一名叫状元，第二名叫榜眼，第三名叫探花，状元又叫殿撰。贵州有贵阳的赵以炯、麻哈（今麻江县）的夏同龢是清末的状元，遵义的杨兆麟是探花，这三人又叫贵州的"三鼎甲"。

曾经有人怀疑明清两代五百余年间，贵州从哪里钻出这么多的高级知识分子？请去翻一翻《明清进士题名录》和其他一些资料，个个有名有姓，有籍贯，有职位。甚至没有考上举人，只得一个拔贡学位的青年，居然被曾国藩收为四大弟子之一，到中国驻欧洲使馆当参赞，代表世界各国使节在巴拿马运河筹备会上发言，后又两任驻日公使，还是中国有名的散文学家，他就是黎庶昌。

我想把话说远一点。现在贵阳扶风山上有座阳明祠。大院内还有"尹道真先生祠"。这位尹先生的事迹最早在《后汉书·西南夷传》中有记载："桓帝时，郡人尹珍自以生于荒裔，不知礼义，乃从汝南许慎、应奉受经书图纬。学成，还乡里教授，于是南域始有学焉。珍官至荆州刺史。"《华阳国志》里说："尹珍，字道真，毋敛人。"毋敛有说是今独山、都匀、福泉这一片地，有说是在正安县，该县尚存尹道真的"务本堂"遗址。范晔写尹珍仅仅附在《西南夷传》里，以五十二个字来介绍这位开南域之学的功勋人物，留下了令人费解的问题。尹珍"生于荒裔，不知礼义"，即是没有读过孔孟之书的人，他怎么知道远在中原的学者许慎、应奉呢！更何况许、奉二人是大学者，用现代的话说，该是教授吧。一个不知礼义的荒裔青年，又怎么跋涉万水千山到中原，而又平步登天地接受教授们讲课呢？就说有这样一位奇人学成回来，在当年那样比"连天际峰兮，飞鸟不通"还闭塞的山谷里，是不可能凭一个人两只脚就"开南中之学"。因为"前四史"中的《后汉书》，被古代文人奉若"经典"，也就不加怀疑地一代传一代地神化尹珍了。

对尹珍这位贵州最早的文化名人，试找一些资料来说个来龙去脉。班固写的《汉书·食货志》记有卫青这位大将军的事："时又通西南夷道，作者数万人……乃募豪民田南夷，入粟县官，而内受钱于都内。"请记住：在汉武帝派唐蒙通西南夷后，接着募豪民田西南夷。在《后汉书·西南夷传》中又有这样一段记载："牂牁地多雨潦，俗好巫鬼禁忌，寡畜生，又无蚕桑，故其郡最贫。句町县有桄榔木，可以为面，百姓资之。公孙述时，大姓龙、傅、尹、董氏，与郡功曹谢暹保境为汉。"尹是公孙述时的牂牁大姓。公孙述所处的年代是公元36年之前。尹珍从许慎学是公元147年汉桓帝时的事。这样看来，尹珍当是汉武帝时募到西南夷地区豪民人家的子弟，或是公孙述时的四大姓尹家的人。根据这些记述的推断，最早的这位文化名人，不能说他"不知礼义"。再拿唐代天宝年间任黔府都督的赵国珍来说，《唐书》说他是"牂牁苗裔"，唐代宗时拜工部尚书。这又透出一条消息，贵州的苗裔早在唐代就担任重要官职，只怪历代战乱，文献湮没，无从考察了。西南交通不便，游历黔中的人很少，连大文学家韩愈也听柳宗元不加考察的片面之词，竟然在《柳子厚墓志铭》中说："子厚泣曰：'播州非人所居。'"人们把播州的概念变为贵州的概念，直到半个世纪前还有人以为贵州人生有尾巴，不敢前来，就更荒唐了。

生在贵州的人不把自己的历史说个清楚，岂不是要受"数典忘祖"的讥诮？笔者于是又引一段清代道光皇帝和贵州巡抚乔用迁关于贵阳的对话来看贵阳人物的特色。

道光皇帝问："贵阳于四封无所介，俗何如？"

乔用迁答："是亦多侨籍，盖合吴楚之秀良以聚族于斯土也，其民华。"

道光皇帝说："趋于华也易，返于朴也难。朴，惟恐其陋也；华，尤恐其伪也。"

乔用迁把这段话引入他写的《贵阳府志·序》中，特别注意"见士用官，不取华缛雕琢，诚欲正其趋、抑其俗"。贵州自明代永乐年间建省前后，由吴楚（长江中下游）进入贵州的军队、官员、工商业者、农民以及从事医卜星相、笙箫鼓乐的人日益增多；又因集中在设布政司、按察司、巡抚所在地的贵阳和其他府、州、县，这些"秀良聚族于斯土"，和原来生活在这里的各民族在文化和生活上交流、交融，所以"其民华"。华是聪明、秀丽的意思，贵阳是这样，各府、州、县又何尝不是这样？从这些情况来理解明清五百多年贵州高级知识分子的培养和成名，就有充分的说服力了。

明朝开国的朱元璋以一介小僧从军起家。他在军事力量发展起来的同时，就注意到要在政治、经济和文教各个方面来收拾人心，安定占领区，进而窥复中原。他先用了文人李善长为他策划军机，后又延请刘基、宋濂、章溢和叶琛四位学人来参与政事。这四位儒家道统的文士，为朱元璋讲孔孟的经学。天下一统后，朱元璋就颁令大兴儒学，用孔孟的一套礼义治术来统一天下。贵州、播州、思南早就建学。明洪武二十七年（1394）建贵州宣慰学，第二年下诏各土司都要立儒学。永乐十一年（1413）建省，第一任布政使蒋廷瓒原是工部侍郎，河南滑县人，史家说他年少时就有学识，懂得治理政事；第一任按察使成务，举人出身，是个清廉的官员。宣德元年（1426），贵州设巡抚，首任为吴荣。明代开国，很重视边疆大吏的人选，清代也是这样，来贵州担任重要职务的多是有才学、有治术及有胆识的人。他们都把在省城考中的举人当作自己的学生，如清道光时做巡抚的湖南人贺长龄，称郑珍为郑生。看贵州文化的演变，一些布政使、按察使、佥事、学政等人也是值得研究的。

贵州的士子最早是到云南参加会试，名额有限。到嘉靖年间，思南人田秋，进士出身，上疏请求云南、贵州各自开科考试，批准云南四十名、贵州二十五名。其实早在宋代播州（今遵义市）就有冉从周、杨震等八人中进士。进入明洪武时，有桐梓的赵仕禄；正统时，有务川的申祐、平越（今福泉市）的黄绂；景泰时，有贵竹（今贵阳市）的易贵、黄平的周瑛等多人。申祐官至御史，土木堡之变时代英宗皇帝遇害。黄绂当御史时，敢于直谏，群臣称他是"硬黄"，后来官至南京户部尚书。易贵当过辰州知府，是贵州最早研究《易经》并写有著作的人。隔了六七年才是王阳明的学生贵阳人汤冔、陈宗鲁等人中进士。周瑛做过广西布政使，还乡创办书院，培养地方学子，在这位乡贤的教育影响下，黄平中进士的有二十九人、举人一百多人。清平卫（今凯里市）的孙应鳌，是一位哲学大师，被称作阳明再传弟子。南明的东阁大学士马士英，历来对他的贬词很多，但他毕竟是黔产进士。清初的周起渭（字渔璜），单是参加编纂《康熙字典》这一件事已使他名垂千古。花溪黔陶乡骑龙寨的桐埜书屋修复以后，前去瞻仰的人络绎不绝。安平卫（今安顺市平坝区）的陈法也是研究《易经》有创见的官员兼学者。独山的莫与俦与方志学奠基人江苏章学诚是同时代的学者，任遵义府学教授，讲授汉学，启迪了西南大儒郑珍、莫友芝。遵义的黎恂是"沙滩文化"的开拓者。广顺的但明伦官至两

279

淮盐运使,其《聊斋志异新评》是文学史上的优秀之作,胡林翼曾赞誉贵州多才,特别指出但明伦。贵阳黄辅辰、黄彭年父子,都入《清史稿·循吏传》。黄平石赞清在天津抵制英国军人的欺侮,铁骨铮铮,令人敬佩。黎平的胡长新、织金的丁宝桢、都匀的陶廷杰、大定(今大方县)的章永康、镇远的谭钧培、安顺的姚大荣、修文的陈国祥,若干知名之士,不及一一列举。还有必要提到贵阳的陈田、姚华、李端棻等人。陈田是光绪十二年(1886)中进士的,官至给事中。他在朝廷弹劾大奸大恶的奕劻、袁世凯,直声震天下;后来退居家中,完成《明诗纪事》一百八十七卷和他个人的其他著作。他家里的"听诗斋"匾,现悬挂于北京中华诗词学会,可见其影响的深远。李端棻是同治二年(1863)进士,是顺天府尹李朝仪的侄儿,也是梁启超的内兄,官至礼部尚书,支持康有为、梁启超、谭嗣同等人的维新变法,被慈禧太后贬去西北充军。李端棻留下的《苾园诗存》有以"学术思想""政治思想"和"国家思想"为题的三首诗。在清末那样政治腐败的情况下,一个做礼部尚书的大官有这样先进的思想,实在是难能可贵!姚华是光绪三十年(1904)进士,曾留学日本,是一个才华横溢、有多方面成就的奇人,在北京名噪一时,著名史学家郑天挺曾入门受教。中国传统的观人论事有一条至关重要的标准,必须重人品。贵州进士中，无论在朝做官，在外做封疆大吏，次而做府道首长或是教授编修，都有特行可以传述，都有作品问世。这七百多位杰出的人物，该怎样去研究他们？应当挑选成就大的写出专稿，启迪后代，这样去做自然是要费点力气的。

举人六千多，从何说起？举人低进士一格，但在学术、诗文和艺术多方面亦多有超过进士和状元的。如：明末清初以诗才史学出名的吴中蕃，为南明抗清牺牲的杨龙友，写《鸳鸯镜》传奇而讴歌明代忠烈杨涟、左光斗的傅玉书，译《华盛顿传》最早介绍民有、民治、民享思想的黎汝谦，在贵阳和严修一起讲学于经世学堂的雷廷珍，以及郑珍、莫友芝等人。这些人都是举人出身，光辉事迹都有专书记述。

贵州历史上的名宦、学人对后进的培育，加之山川形势的磅礴气势给人的影响，几百年以至上千年的文化孕育，"纵是崎岖关格处，诗书礼乐总相通"。锦屏的苗族诗人龙绍讷，水西彝族的余达父一门几位诗人，女诗人申辑英、周婉如、安履贞，还有佛门的语嵩、丈雪等，先后联袂而起。流风余韵，沾溉百世。贵州的进士、举人多有诗文集子，有的在外省做官，倡导或主持编修志书，都蜚声国内。

笔者在青年时代受过举人、进士的课，对学子在学问功夫上的深度广度、在生活上的清廉节操，都留下深刻印象。同时期也读了近现代名流以白话写的文章。老师说，鲁迅、郁达夫、朱自清、叶圣陶等人都是精通古籍的，要深入才能浅出啊！记得有文介绍康有为勉励他的学生，胸中要有十几个可作典范的名人，遇到事情要应付时，就要想到用这些名人的言行来策励自己，鼓舞上进。这个说法也是很有启发意义的。回顾废科举设学校以来近百年的教育情况，理解到科举制度束缚思想、钳制人才，真该废掉。但在封建时代，也只有这种选拔人才的方法可用。贵州在明清两代选拔出的这"六千举人、七百进士"，还有无数的秀才，无数一生不愿接受科举考试或没有机会、没有条件参加科举考试的贤达之士，为贵州的历史进程都做过有益的贡献。

历史文化遗产，要研究，要发掘，要批判地继承和发扬。我们这个时代是出人才的时代，文艺战线上有很多优秀的笔杆子。曾在咸宁做过贵西兵备道的赵翼有诗说："李杜诗篇万口传，至今已觉不新鲜。江山代有才人出，各领风骚数百年。"贵州领风骚的诗人、小说家、戏剧家乃至其他门类的学问家，在新时代已崭露头角。

最后，要说明《贵州省志·教育志》编辑林开良先生整理过一篇《黔人历科进士一览表》，中央文史研究馆馆员邢端先生（贵阳人）生前也整理过类似的资料。笔者于1996年9月去北京参加全国文史馆成果展览，有机会到孔庙去，观看了进士题名的若干块长碑，有诗记之："孔庙巍巍文物丰，碑镌进士仰儒宗。名留七百为黔产，策动来兹重学风。"贵州的举人多载于地方志中，"七百进士"也是从"六千举人"中考试出来的。